U1013697

跨文化背景下的英语翻译探索

吕晓红 著

北京工业大学出版社

图书在版编目（CIP）数据

跨文化背景下的英语翻译探索 / 吕晓红著. — 北京：北京工业大学出版社，2020.7（2021.10 重印）
ISBN 978-7-5639-7582-2

Ⅰ. ①跨… Ⅱ. ①吕… Ⅲ. ①英语—翻译—研究 Ⅳ. ① H315.9

中国版本图书馆 CIP 数据核字（2020）第 136571 号

跨文化背景下的英语翻译探索

KUAWENHUA BEIJING XIA DE YINGYU FANYI TANSUO

著　　者： 吕晓红
责任编辑： 刘卫珍
封面设计： 点墨轩阁
出版发行： 北京工业大学出版社
（北京市朝阳区平乐园 100 号　邮编：100124）
010-67391722（传真）　bgdcbs@sina.com
经销单位： 全国各地新华书店
承印单位： 三河市嵩川印刷有限公司
开　　本： 710 毫米 ×1000 毫米　1/16
印　　张： 13
字　　数： 260 千字
版　　次： 2020 年 7 月第 1 版
印　　次： 2021 年 10 月第 2 次印刷
标准书号： ISBN 978-7-5639-7582-2
定　　价： 58.00 元

版权所有　　翻印必究

（如发现印装质量问题，请寄本社发行部调换 010-67391106）

前 言

随着社会的进步和发展，人与人之间的交往也更加频繁，无论是在科学技术方面还是文学方面，交往都逐渐增多。因此，人们充分掌握一定的翻译方法，特别是英语翻译方法，就显得尤为重要。但是国与国之间的文化毕竟存在一定的差异性，因此，在进行英语翻译时，要充分考虑跨文化的相关因素。

语言是一种文化的载体。在英语和汉语中有很多的谚语、成语等比较有民族特色的词语，它们从各自的角度解释了不同民族的文化渊源、历史传统、价值观以及生活习俗。因此，说不同语言的人之间的沟通，不仅仅是语言的沟通，还是两种文化之间的沟通，人们之间的交际也是文化的交际。这也是文化本身的价值所决定的。也正是因为语言的这种特殊性，在进行英语翻译时要充分考虑语言中所蕴含的文化特性，站在跨文化的角度对英语翻译进行分析。

本书根据语言交际的跨文化特性以及英语翻译的特点，对跨文化视角下的英语翻译理论和实践进行了详细分析，让读者不仅了解翻译的理论知识，同时对不同国家的文化也有相关了解。本书共六章，包括英语翻译概述、文化与跨文化交际、跨文化交际与英语翻译研究、跨文化背景下英语翻译的常用方法研究、跨文化背景下中西翻译中的实例分析、跨文化背景下的英语翻译教学模式探究等内容。

笔者在写作和修改本书的过程中，查阅和引用了许多相关资料，在此谨向所引用资料的作者表示诚挚的感谢。由于笔者水平有限，书中难免出现纰漏，恳请读者批评指正。

目 录

第一章　英语翻译概述

第一节　英语翻译的定义与分类

一、翻译的定义

随着经济全球化进程的不断加快，国与国之间的交流日益频繁，翻译作为交际的媒介和信息转换的手段，其重要性也日益凸显。事实上，自翻译活动诞生以来，人们对翻译的各种研究就没有停止过。本章作为开篇章，先对翻译的各种基础知识进行介绍，包括翻译的定义与分类等，以帮助读者对翻译活动有一个整体上的把握和认知。

翻译工作至今已经走过了千百年的历程。可以说，无论在东方还是西方，翻译工作都源远流长、历史悠久。但对于到底什么是翻译的问题，学界一直众说纷纭。下面从国外和国内两个视角来看一下不同学者对翻译的界定。

（一）国外较有代表性的翻译定义

英国 18 世纪著名学者塞缪尔·约翰逊认为，翻译就是将一种语言换成另一种语言，并保持原文意思不变。

美国翻译理论家尤金·奈达认为，所谓翻译，是指从语义到文体，在译语中用最接近、最自然的对等语再现源语的信息。这是国外比较有代表性的翻译定义。

杜波斯认为，翻译是把第一种语言（源语）语篇所表达的东西用第二种语言（目的语）重新表达出来，尽量保持语义与语体方面的等值。

英国著名语言学家和翻译理论家卡特福德认为，翻译是一种语言（源语）

的话语材料被另一种语言（目标语）中的对等的话语材料替代。卡特福德认为，翻译主要有两种存在状态：一是源语，即译出语；二是目标语，即译入语。

纽马克认为，翻译就是把一个文本的意义按原作者所意想的方式移入另一种文字。

韦努提认为，翻译是译者依靠解释所提供的目的语中的能指链替代构成源语文本的能指链的过程。韦努提一反传统的“对等”角度的定义，否定了结构主义信奉的所指与能指或自荐的对应关系，认为能指和所指是可以分裂的，符号与意义之间是不一致的，因此文本意义具有不确定性。在韦努提看来，翻译只是用一种表层结构代替另一种表层结构。

吉迪恩·图里认为，在任何情况下，译文都表现为或被认为是目的语文化中的一种目的语文本。这一定义提出了目的语文化，并使翻译研究的范畴从语言层面向文化层面拓展。

苏联语言学派翻译理论家费道罗夫认为，翻译就是用一种语言把另一种语言在内容与形式不可分割的统一中所业已表达出来的东西准确而完全地表达出来。

苏联翻译家巴尔胡达罗夫认为，翻译是把一种语言的言语产物在保持内容方面（也就是意义）不变的情况下改变为另外一种语言的言语产物的过程。

马尔科姆·考利认为，翻译是一种用其他语言为不同背景的读者提供创作的艺术。

让·萨格认为，翻译是由外力激发，以信息科技为依托，随交际方式的变化而变化的一种产业活动。这一定义进一步扩大了翻译的外延，将翻译视为一种产业活动，其动力来自外部，并以信息科技为辅助手段。

威尔斯给翻译下的定义是，翻译是从源语言文本到目的语言文本，两者尽可能接近等值，并且对源文本的风格和内容提前理解。

克里斯蒂安·诺德将翻译定义为翻译产生于目标语文本，并且和源语言文本有一定的关联，源语言文本是根据目标语文本的预期和要求设定的。

弗米尔认为，翻译是一种信息模仿过程，“翻译是用 Z 语言模仿 A 文化的 A 语言所提供的信息来提供信息，以实现所希望实现的功能。翻译不是通过换码的方式把词语或句子从一种语言转换成另一种语言，而是某人在新的功能、文化和语言等条件下，在新的环境中，通过尽可能模仿原文的形式特点来提供某文本信息的复杂活动”。

（二）国内较有代表性的翻译定义

茅盾认为，文学翻译是用一种语言把原作的艺术意境传达出来，使读者在读译文的时候能够像读原作一样获得启发、感动和美的感受。

吕俊认为，翻译是一种跨文化的信息交流与交换活动，其本质是传播，是传播学中一个有特殊性质的领域。

林煌天认为，翻译是语言活动的重要组成部分，是指把一种语言或语言变体的内容变为另一种语言或语言变体的过程或结果，或者是把一种语言材料构成的文本用另一种语言准确而完整地再现出来。

沈苏儒认为，翻译是把具有某一文化背景的发送者用某种语言（文字）所表达的内容尽可能充分、有效地传达给使用另一种语言（文字）、具有另一种文化背景的接收者。

王克非认为，翻译是将一种语言文字所蕴含的意思用另一种语言文字表达出来的文化活动。

孙致礼认为，翻译是把一种语言表达的意义用另一种语言传达出来，以达到沟通思想情感、传播文化知识、促进社会文明、推动译语文化兴旺昌盛的目的。

林汉达认为，正确的翻译就是尽可能地按照汉语的习惯，忠实地表达原文的意思。

王以铸认为，好的翻译绝不是把原文一字一句地硬搬过来，而是要传达原文的神韵。

范仲英认为，翻译是人类在思想交流过程中沟通不同语言的桥梁，能使通晓不同语言的人通过原文的重新表达而进行思想交流。翻译是把一种语言（源语）的信息用另一种语言（译语）表达出来，使译文读者感受到原文作者所表达的思想，获得与原文读者大致相同的感受。

谭载喜认为，翻译是把一种语言文字的意义用另一种语言文字表达出来的过程，它主要是一门技术，也具有艺术特征，如创造性特征，但绝不是科学。谭载喜主要强调了翻译的技术性和艺术性。

张培基认为，翻译是运用一种语言把另一种语言所表达的思想内容准确而完整地重新表达出来的语言活动。

许钧认为，翻译是以符号转换为手段、意义再生为任务的一项跨文化交际活动。

以上介绍了国内外学者对翻译的各种见仁见智的定义。无论国外学者还是国内学者都将翻译视作一种文字之间的转换活动。这种转换过程主要包括以下特征：第一，在信息和风格上，力求使翻译作品与源语言作品等值；第二，这种等值应是尽可能地接近，而不是机械地生搬硬套，即一味追求形式上的对等，从而牺牲某些更重要的东西；第三，要注意不同体裁的作品在各个方面的诸多不同，不能千篇一律，也就是要注意各种文体在个性上的差别。

还需要注意的是，在翻译这一转换过程中，译者的任务只是转换文字而不是改变其意思。翻译有两个要素，即准确性和表达性。准确性是翻译的首要条件，即译者必须谨慎地遵循原作者的意思，所选用的字词和句式结构必须如实地传达原文的思想。表达性是为了让译文易于理解，也就是说，译者必须尽可能地将原文的思想清楚有力地表达出来。准确性使译文的思想明确无误，表达性则使译文生动而有魅力。

（三）不同的翻译观

翻译是什么？不同的人对此问题有不同的看法，不同的看法会产生不同的翻译方法和策略。我们先来看看持不同翻译观的学者是如何解释翻译的。

语言学翻译观可分为传统型和当代型两种。传统型语言学翻译观以 19 世纪以来的传统语言学理论为基础研究翻译问题。英国的语言学家卡特福德认为，“翻译是一项对语言进行操作的工作，即用一种语言（TL）中的文本（text）来替代另一种语言（SL）的文本的过程”。苏联语言学家巴尔胡达罗夫则认为，“翻译是把一种语言的连贯性话语在保持其内容（意义）不变的情况下转换为另一种语言的连贯性话语的过程”。

当代语言学翻译观主要受当代语言学的影响，把研究的观点从语言本身扩展到交际语境、语域、语用等领域，认为翻译是一种交际活动，从语言的功能和交际的角度来研究翻译，一般注重的是翻译信息而不是文字，目的是与接收者沟通。在西方翻译理论上，持交际翻译观的代表人物是尤金·奈达。奈达认为，“翻译就是在译入语中再现与源语的信息最切近的自然对等物，首先是就意义而言，其次是就文体而言”。这条定义常常被人引用。奈达认为，理想的译文应该由读者的反应来衡量，即译文读者对译文的反应应该与原文读者对原文的反应大致相同。我国著名翻译理论家刘宓庆则认为，“翻译的实质是语际的意义转换”。蔡毅也认为翻译的定义应该是“将一种语言传达的信息用另一种语言传达出来”。

文艺学翻译观则从文艺学的角度来解释翻译，认为翻译是艺术创作的一种形式，强调语言的创造功能，讲究译品的艺术效果。巴斯纳奈特、兰伯特、乐弗维尔等人是典型的文艺学派，他们认为，“翻译就是对原文重新摆布”。在我国，持文艺学翻译观的人也很多。例如，傅雷的“神似说”和钱钟书的“化境说”。傅雷认为，“以效果而论，翻译应当像临画一样，所求的不在形似而在神似”。钱钟书在《林纾的翻译》一文中则提出：“文学翻译的最高理想可以说是‘化’，把作品从一国文字转变成另一国文字，既能不因语言习惯的差异而露出生硬牵强的痕迹，又能完全保存原作的风味，那就算得入于‘化境’。”

文化学翻译观则以文化为重点来研究翻译。持文化翻译观的学者认为，翻译不仅是语言符号的转换，而且是一种思想文化的交流，“翻译是将一种语言所蕴含的意思用另一种语言文字表达出来的文化活动”（王克非），“翻译是跨语言、跨文化的交流”（沈苏儒）。不少西方学者使用“跨文化”来形容翻译这一活动。霍恩比把翻译看成“是一种跨文化的活动”。巴斯奈特和勒弗维尔认为，“翻译研究进入 20 世纪 90 年代，其历史性的转折点是文化研究”。

从以上持不同翻译观的学者和翻译理论家对翻译的定义或解释来看，翻译过程不但涉及两种语言，还涉及两种文化。由此可见，翻译既是一种语言活动，也是一种文化活动，语言是文化的载体。翻译是通过语言机制的转换连接或沟通自身文化与异国文化的桥梁。实际上，翻译是两个语言社会之间的交际过程和交际工具，它的目的是要促进本语言社会的政治、经济或文化进步，任务是要把原作中包含的现实世界的逻辑映象或艺术映象完好无损地从一种语言中移注到另一种语言中去。

二、翻译的分类

（一）不同视角下的分类

“翻译”这个术语是一个笼统的概念。广义地讲，翻译包括语言和非语言符号之间的转换。本书要讨论的翻译一般集中在语言上，就是将某一语言活动的言语产物转换到另一种语言中。整个翻译活动可以按照不同的处理方法把翻译分为若干类型。

就翻译所使用的源出语和目的语而言，翻译可分为语内翻译、语际翻译和符际翻译。语内翻译指在同一种语言内部的不同语言变体之间进行翻译。例如，将古代汉语译为现代汉语、上海话译为普通话、四川话译为广东话等。语际翻译就是把本族语译为外族语，或将外族语译为本族语。例如，将汉语译为英语、将德语译为汉语等。符际翻译指各种非语言符号之间的转换。例如，当我们处在一个陌生的语言环境中，即使自己不懂该环境的语言，但当我们看到公路上红绿灯亮了时，仍能解读出其含义。

就翻译的活动方式而言，翻译可分为口译、笔译、机器翻译和网络翻译。口译多用于外交会晤、经贸谈判、学术研讨和参观游览等场合。笔译多用于公文往来、商务信息、科学著作和文学翻译等活动。机器翻译主要利用计算机和其他设备进行，人工只起辅助作用。网络翻译则是随着计算机网络的普及而发展起来的一种新兴、快捷的翻译方式，主要依靠网络进行。

就翻译材料的文体而言，翻译可分为新闻文体、科技文体、应用文体、文学文体和论述文体。新闻文体包括新闻报道、新闻评论等。科技文体包括科学著作、实验报告、情报资料、设备和产品说明等。应用文体包括广告、启事、通知、契约、合同、公函等。文学文体包括小说、散文、诗歌、戏剧等。论述文体包括社会科学著作、政治文献、演说报告等。

就翻译活动的处理方式而言，翻译可分为全译、节译、摘译、编译。全译就是把原文原封不动地照译出来，译者不得任意增删或自行改动，但必要时可加注说明或加序评论。节译就是根据原文内容把原文的全部或部分进行节缩译出，但应保持原作内容相对完整。摘译就是译者根据实际需要摘取原文的中心内容或个别章节进行翻译，内容一般是原作的核心部分或内容概要。编译指译者在译出原文的基础上以译文为材料进行编辑加工。

按译文文字的表达方式而言，翻译可分为直译和意译。

（二）雅各布逊的分类

美国语言学家、翻译理论家罗曼·雅各布逊认为，翻译是用另一种语言解释原文的语言符号。他在《论翻译的语言学问题》中，从语言学和符号学的角度，即按所涉及的两种代码的性质，将翻译分为语内翻译、语际翻译和符际翻译。可以说，这三种类型的翻译几乎包括了一切语言的交际活动。这种翻译分类也打破了翻译的传统框架，开阔了人们对翻译认识的视野。此后，翻译的领域作为一个概念得到了扩展，翻译方法的研究也进入了一个崭新的阶段。下面就详细分析这三种翻译类型。

1. 语内翻译

语内翻译是用同一语言的另一符号来阐释其言语符号。换句话说，语内翻译是同一语言间不同语言变体的翻译，如把用古英语写的《贝奥武夫》译成现代英语，把用古汉语写的《史记》译成汉语，把客家话译成普通话，把黑话、行话译成普通语言等。或者说，语内翻译就是把一种语言材料用同一种语言换一种说法，即重新解释一遍。语内翻译包括古代语与现代语、方言与民族共同语、方言与方言之间的转换。英语学习中解释疑难句子常常用到的 paraphrase 其实也是一种语内翻译，即同一种语言内部的翻译。

语内翻译不一定要指向某个预设的真理，它还可以沿着不同的路线导向不同的目的地，唯一能够确定的是，对同一文本的阐释有着共同的出发点。在某种程度上，语内翻译不需要将意指对象完整真实地显现出来，它仅是一种表现形式，体现着人类精神的相互沟通和相互阐发的过程，人类精神文化的不断创造过程，使人类的文化不断地丰富起来。下面是有关语内翻译的几个例句，通过前后两个句子的对比可以从中理解语内翻译的基本内涵。

① Radiating from the earth，heat causes air currents to rise.

Heat causes air currents to rise when it is radiating from the earth.

②余闻而愈悲。孔子曰：“苛政猛于虎也。”吾尝疑乎是，今以蒋氏观之，犹信。（柳宗元《捕蛇者说》）

我听了（这些话）更加感到悲伤，孔子说：“苛酷的统治比猛虎还要凶啊！”我曾经怀疑这句话，现在从姓蒋的遭遇看来，这是可信的。

③子曰：“学而不思则罔，思而不学则殆。”

孔子说：“只读书而不思考，会迷惘；只思考而不读书，会危险。”

2. 语际翻译

语际翻译是运用另外一门语言的符号来阐释言语符号。换句话说，语际翻译是一种语言的符号与另一种语言的符号之间的口头或笔头的转换，如英译汉、汉译英等。实际上，语际翻译也就是人们通常所指的真正意义上的翻译，可以说是狭义的翻译。

可见，语际翻译是对原文符号在另一种文化中的解读，原文本中所有的符号都置身于一个宏观的文化背景或“非语言符号体系”中。要想达到语际翻译层面的对等，就要使处于源语文化中的符号在目的语文化中进行正确的解读与传译。从符号学的角度来讲，一个语言符号的指示意义由三种意义共同构成：语义意义、句法意义和语用意义。如何正确传达这三种意义便是实现语际翻译的重点所在。例如：

① His criticisms were enough to make anyone see red.

他那些批评任谁都得火冒三丈。

②空山不见人，但闻人语响。

返景入深林，复照青苔上。

No wight is seen in the lonely hills round here.

But whence is wafting the human voice I hear?

So deep in the forest the sunset glow ran cross,

That it seems to choose to linger on the moss.

③子曰："学而不思则罔，思而不学则殆。"

Confucius said："Reading without thinking results in bewilderment； thinking without reading results in peril."

3. 符际翻译

符际翻译就是运用非言语符号系统来阐释言语符号。我国南京大学外国语学院许钧教授曾指出，所谓符际翻译，就是人类掌握的语言文字、音乐、绘画、舞蹈几种符号之间的翻译。这需要通过感知领悟音乐、绘画、文字和数理等符号系统。一般来说，译者掌握的符号越多，符号之间的翻译能力越强，感觉世界的能力也就越强。可见，符际翻译是指原文符号在非言语层面上的解读。它并不传递原文的意义，而是传递对原文的直接感觉。具体来说，符际翻译对等表明了原文与译文的一些相关的物理特征。英汉差异使译文在长度、标点符号使用上难以达到对等，但在符际层面上至少要达到外观结构上的大致对等。

（三）卡特福德的分类

英国语言学家和翻译理论家卡特福德根据翻译的范围、层次和等级对翻译进行了分类，具体如下。

根据翻译的范围，可将其分为全文翻译和部分翻译。全文翻译是指源语文本的每一部分都要用译语文本的材料来替代。部分翻译是指源语文本的某一部分或某些部分是未翻译的，只需要把它们简单移植到译语文本中。部分翻译并非节译，而是某些词因为种种原因不可译或不译，只能原封不动地搬入译文。

根据翻译的层次，即语法、词汇、语音、词形等，翻译可分为完全翻译和有限翻译。完全翻译是指源语的语法和词汇被等值的译语的语法和词汇所替换，有限翻译则是指源语的文本材料仅在一个层次上被等值的译语文本材料所替换。

根据语言的等级，即词素、词、短语或意群、分句或句子，可将翻译分为逐词翻译、直译和意译。逐词翻译是建立在单词级上的等值关系。意译"不受限制，可以在上下级之间变动，总是趋于向较高级的等级变动……甚至超过句子的层次"。直译则是介于逐词翻译和意译之间的翻译。

第二节　英语翻译的基本原则

一、翻译的基本原则

翻译的基本原则是翻译实践的准绳和衡量译文优劣的尺度。国内外对翻译标准的讨论一直都没有停止过，正是在这场对翻译标准的讨论中，翻译理论的研究得到了不断的完善。因此，译者应借用前人的研究成果来指导翻译的实践，即在翻译实践过程中应遵守翻译的两条基本原则——忠实和通顺。

所谓忠实，是指译文要准确地表达出原文的思想、内容和文体风格，再现出原文的特色。翻译不是译者的独立创作，而是把原作用另一种语言表达出来，译者不得对原文进行任何篡改、歪曲、遗漏或任意增删。如果译文与原作不符，那就不能称之为翻译。对译者来说，要实现译文忠实于原作，便要先对原文有正确的理解，并且吃透原文的词义、语法关系和逻辑关系。例如：

① Scientists defined the temperature requirements necessary for the survival of black carp.

[原译] 科学家们规定了青鱼生存的必需温度。

[改译] 科学家们查明了青鱼生存所需的温度。

② Such a system must be tailored quite closely to the machines it monitors.

[原译] 这样的系统必须对监视的机器十分接近地配置。

[改译] 这种系统的配置必须十分接近被它监控的机器。

③目的是要领导干部年轻化。

[原译]The aim is to make our leaders younger.

[改译]The aim is to ensure that more young people will rise to position of leadership.

所谓通顺，是指译文语言通顺易懂、自然流畅，符合译文语言的表达习惯，没有文理不通、晦涩难懂等现象。例如：

④ Darkness released him from his last restraints.

[原译] 黑暗把他从最后的顾忌中解放出来。

[改译] 在黑暗中，他就再也没有什么顾忌了。

⑤你们谁想参加春游就在星期五之前报名并交费。

[原译]You whoever wants to go spring outing please sign up your name and pay dues before Friday.

[改译]Whoever wants to join the spring outing should sign up and pay the expenses before Friday.

⑥语言这个东西不是随便可以学好的，非下苦功不可。

[原译]Language is something difficult to learn well and to learn it well one has to study very hard.

[改译]The mastery of a language is not easy and requires painstaking effort.

综上所述，翻译离不开“忠实、通顺”这两条目前翻译界公认的原则。实际上，忠实和通顺相辅相成。忠实而不通顺，读者就会看不懂译文，失去了翻译的意义；通顺而不忠实，译文就脱离了原文的内容和风格，译还不如不译。

二、对翻译教学和翻译工作者的基本要求

（一）翻译教学中的基本要求

翻译教学涉及两种相互联系又各有目的的教学模式，即教学翻译和翻译教学。根据我国目前的实际情况和社会需要，在我国的外语教学中，无论是非外语专业，还是外语专业，教学翻译和翻译教学这两种教学模式都是不能脱离出来的，它们是相辅相成的。

我国各级英语教学中对翻译的基本教学要求正是从翻译的基本原则出发而制定的。从我国英语专业和非英语专业英语的教学大纲来看，甚至在各级英语过级考试中，都可以看出翻译的“忠实和通顺”始终贯穿于英语教学中。

我国高等院校英语专业对翻译的教学要求是分级的，具体如下。

入学要求：能将内容不超过高三课文难度的短语和句子翻译成汉语，要求理解正确，语言通顺。

二级：能独立完成课程中的各种翻译练习，要求理解准确，语言通顺。

四级：能独立完成课程中的各种翻译练习，要求译文忠实于原文，表达流畅。

六级：初步了解翻译基础理论和英、汉两种语言的异同，并掌握常用的翻译技巧，能将中等难度的英语篇章或段落译成汉语。译文忠实原文，语言通顺，速度为每小时250—300个英语单词。另外，能将中等难度的汉语篇章或段落译成英语，速度和译文要求与英译汉相同，还能担任外宾日常生活的口译。

八级：能运用翻译的理论和技巧，将英美报刊上的文章及文学原著译成汉语，或将我国报纸、杂志上的文章和一般文学作品译成英语，速度为每小时250—300个英语单词。译文要求忠实原意，语言流畅。另外，还能担任一般外

事活动的口译。

高等院校英语专业四级、八级考试对翻译的测试要求如下所列。

首先，汉译英项目要求应试者运用汉译英的理论和技巧，翻译我国报纸、杂志上的论述文和国情介绍，以及一般文学作品的节录。速度为每小时约 250—300 个英语单词。译文必须忠实原意，语言通顺。

其次，英译汉项目要求应试者运用英译汉的理论和技巧，翻译英、美报纸和杂志上有关政治、经济、历史、文化等方面的论述文，以及文学原著的节录。速度为每小时约 250—300 个英语单词。译文要求忠实原意，语言流畅。

我国高等院校非英语专业大学英语教学对翻译的教学要求也是分级的。由于大学英语教学分为基础阶段（一至二年级）和应用提高阶段（三至四年级），全国高等院校非英语专业英语教学大纲对翻译的教学要求也分为两个阶段。

基础阶段对翻译的基本要求（达到四级）：能借助词典将难度略低于课文的英语短文译成汉语，理解正确，译文达意，译速为每小时 300 个英语单词；能借助词典将内容熟悉的汉语文字材料译成英语，译文达意，无重大语言错误，译速为每小时 250 个英语单词。

基础阶段对翻译的较高要求（达到六级）：能借助词典将难度略低于课文的英语短文译成汉语，理解正确，译文达意，译速为每小时 350 个英语单词；能借助词典将内容熟悉的汉语文字材料译成英语，译文达意，无重大语言错误，译速为每小时 300 个英语单词。

应用提高阶段的专业英语对翻译的教学要求：能借助词典将有关专业的英语文章译成汉语，理解正确，译文达意，译速为每小时 350 个英语单词；能借助词典将内容熟悉的有关专业的汉语文字材料译成英语，译文达意，无重大语言错误，译速为每小时 300—350 个英语单词。

应用提高阶段的高级英语对翻译的教学要求：能借助词典将有一定难度的英语文章译成汉语，理解正确，译文达意，语言通顺，译速为每小时 400 个英语单词；能借助词典将题材熟悉的汉语文章译成英语，内容完整，译文达意，语言通顺，译速为每小时 350 个英语单词。

英语自学考试大纲对翻译的基本要求：能将阅读的材料译成汉语，译文基本正确，文字通顺，笔译速度达到每小时 300 个英语单词；能把结构不太复杂、由常用词构成的汉语句子译成英语，译文基本正确。

可见，忠实和通顺是翻译实践中必须遵守的原则。要达到上述原则，必须不断提高英、汉两种语言的水平，掌握丰富的知识，熟悉使用英语的国家和中国的社会风俗，了解它们的政治、经济、历史、文化等各方面情况，并掌握一定的翻译方法和技巧。

（二）对翻译工作者的基本要求

首先，翻译人员应具备良好的知识水平，具备包括扎实的汉语和英语功底在内的基础知识和专业知识，这是翻译工作对译者的基本要求。通晓和掌握汉语与英语的基础知识是从事英汉互译的基本条件。专门知识对译者来说也是很重要的，译者必须懂新闻才能译好新闻文章，懂文学才能翻译出优秀的文学作品。

其次，译者需要具备包括自然科学和社会科学在内的百科知识，这类知识并无固定的专业范围。另外，译者还需了解有关国家历史、地理、政治、经济、军事、外交、科技、风俗习惯、宗教信仰、民族心理、文化传统等方面的基本情况。

再次，译者应力戒在两种语言转换过程中的狭隘对等意识。虽然在翻译过程中两种语言的确存在对等现象，但由于各个民族在自然环境、历史传统、风俗习惯、民族心理和文化传统等方面存在着巨大差异，这种差异必然会体现在语言上，即两个民族必然会采用不同的词语或表达方式来描述同一事物或现象。如果一味地追求对等，必然导致译文让读者困惑难懂，无法理解。例如，一旦将英语中的“level”与汉语中的“水平”机械地对等起来，那么汉语的“英语水平”“生活水平”“游泳水平”就很可能被译为“English level”“living level”“swimming level”，而实际上，它们在英语中的对应词是“English proficiency”“living standard”“swimming skill”。

① We are here today and gone tomorrow.

[原译]我们今天在这儿，明天就到别处去了。

[改译]人生朝露。

② The scientific and the metaphysical tempers still pursue their opposite courses.

[原译]科学和形而上学的性质仍然遵循着对立的路程。

[改译]科学和形而上学仍然分道扬镳，大异其趣。

因此，在翻译实践中切忌望文生义，译者应在准确理解原文的基础上，采用适当的翻译技巧和手段，做到忠实、通顺，用贴切的词语或句子来表达原文的意思。再看几个直译与意译的例子。

③ For my father know and I know that if you only dig enough，a pasture can be made free.

[直译]因为我父亲知道，我也知道，只要挖到一定程度，早晚可以在这里辟出一个牧场。

[意译] 因为我父亲知道，我也知道，功到自然成。

④ I gave my youth to the sea and I came home and gave her（my wife）my old age.

[直译] 我把青春献给了海洋，我回家的时候便把老年给了我的妻子。

[意译] 我把青春献给了海洋，等我回到家里与妻子团聚的时候，已经是白发苍苍了。

⑤ But Diana's champions were overwhelmingly women. Like many of them，she had a heartless husband，in-laws from hell，and fickle boyfriends.

[直译] 可是黛安娜的拥护者绝大多数是妇女。像她们中的很多，她有一个无情的丈夫、来自地狱的姻亲、感情易变的男朋友。

[意译] 而拥戴黛安娜的绝大多数是妇女。因为她的遭遇和她们中的许多人相似：丈夫无情无义，婆家人蛮不讲理，男友个个负心。

最后，译者应具有爱国主义意识。一方面，根据我国的国情，选择好的作品进行译介，运用正确的立场、观点和方法来分析、研究和深入理解原作的内容；另一方面，译者应本着让世界各国人民了解中国的原则，积极对外宣传我党的路线、方针、政策，宣传我国的社会主义建设成就，宣传社会主义道德、风尚和文化，积极推动对外交流，促进中国人民同世界各国人民之间的交流。

第三节 中西方翻译理论概述

一、中国翻译理论研究

（一）中国古代翻译理论研究

中国的翻译活动可追溯至春秋战国时期，当时的翻译活动主要限于诸侯国家之间的相互交往，所以这种翻译还谈不上是语际翻译。在中国翻译史上，真正的语际翻译当属佛经翻译。佛经翻译历经千年，出现了一大批杰出的翻译人员，他们译出的佛教经卷数以万计，为佛教在中国的传播以及丰富中国的语言、文化做出了不可磨灭的贡献。同时，不少译经人在佛经翻译过程中总结出了翻译心得，其中有一些已具备理论的雏形，如支谦、释道安、鸠摩罗什、彦琮、玄奘、赞宁等。在这些人之后，明末清初也有一些翻译理论家提出了比较著名的翻译观点，如徐光启和魏象乾。下面进行具体介绍。

1. 支谦的翻译理论

支谦是三国时期主要的佛经翻译人，他在《法句经序》中论述了自己的主要观点：“唯昔蓝调、安侯世高、都尉、佛调，译梵为秦，审得其体……因循本旨，不加文饰，译所不解，则阙不传……然此，虽辞朴而旨深，文约而义博，事钩众经，章有本故，句有义说。”对这一观点的意思分析如下所示。

“唯昔蓝调、安侯世高、都尉、佛调，译梵为秦，审得其体”这一句是支谦对前人翻译的客观总结。

“因循本旨，不加文饰”是支谦所倡导的一种翻译原则或翻译方法。

“译所不解，则阙不传”是支谦制定的一种权宜策略。

“然此，虽辞朴而旨深，文约而义博，事钩众经，章有本故，句有义说”是支谦对译文结构进行的层次上的评析。

此外，支谦还提出了当时译者所面临的两大难题：一是“或得梵语，或以义出音”；二是“名物不同，传实不易”。前者是关于译音和译义的问题，后者则是关于名物概念的翻译问题。可见，支谦意识到了本质与现象、内容与形式的统一问题，而且他把“本旨”“文饰”作为相对的概念来讨论翻译理论，加深了人们对翻译的认识。

2. 释道安的翻译理论

释道安是东晋、前秦时期主要的佛经翻译人，他在总结前人经验和同时代其他佛经翻译者见解的基础上，结合自己的翻译实践，在《摩诃钵罗若波罗蜜经钞序》中提出了著名的“五失本，三不易”理论。

（1）五失本

“五失本”是指梵文佛经翻译时容易失去原文本来面目的五个方面，具体内容如下。

“一失本”：梵文词序与汉文词序不同，汉译时必须改变词序，从而导致译文失去原文的内容。

“二失本”：梵文质朴，汉文华丽，为使读者满意，附庸习惯，译文不得不做些修饰，致使译文不完全符合原文内容。

“三失本”：梵语佛经中同一个意思的词句往往反复，译成汉文时不得不删除一些，导致译文与原文不一致。

“四失本”：梵文佛经每逢结尾之处，必做小结，将前面的话简述一遍，译成汉文时做必要的删减，使译文与原文在内容上出现不一致的情况。

"五失本"：梵文佛经每论全文之后，往往要纵横牵扯，汉译时必须删除，使译文失去了原文的一些内容。

释道安的"五失本"是他通过比较研究而总结列举出的梵、汉两种语言之间的五对矛盾（内容形式、原文译文、文体类型、语言风格、文辞文法）。至于这五对矛盾的解决方法，或者能不能解决，释道安则没有进一步阐述。

（2）三不易

"三不易"是指翻译梵文佛经时有三种情况不容易处理。

"一不易"：过去和现在不一样，要把过去的情况用现在的情形译出来，不容易。

"二不易"：后人要完全理解古代圣贤深邃的思想，不容易。

"三不易"：释迦牟尼死后，弟子阿难造经非常慎重，现在要普通人来译，不容易。

释道安的"三不易"表明他意识到了翻译所涉及的历时性的矛盾以及原著、译者和译文读者之间知识结构和认识水平之间的差距而产生的翻译矛盾问题。

综上可知，释道安的主要贡献在于对汉、梵两种语言进行了比较研究，并涉及原著、译者、译著、读者之间的关系，对翻译实践进行了较为系统的规律性总结，摆出了问题，为后继者指出了努力的方向，提供了继续研究的线索。

3. 鸠摩罗什的翻译理论

鸠摩罗什是天竺（印度）人，东晋后秦时来华，译经 300 多卷，一改过去音译的缺点，主张意译，并倡导译者署名。他的译著有《天然西域之语趣》，忠于原作，译文妙趣盎然，为我国的翻译文学奠定了基础。鸠摩罗什没有正面提出译论，他的观点散见于一些论述中。鸠摩罗什从佛经文体出发，认为梵语转汉语时虽然可以不失大意，但在文体上总是隔了一层，其宫商体韵不但不能经过翻译传达，连文藻也会失掉。因此，他力图在译经文体上有所改进，使其既通俗化又富有优美的文学色彩，同时保留原作的风姿。在文质问题上，他主张只要不违背原意，则不必拘泥于原文形式，可以"依实出华"，达到辞旨婉约、自然流畅、声韵俱佳的效果。此外，对于译名的问题，他也提出了自己的观点。对于那些难以在汉语中找到对应词的梵语，可以采用音译法，例如，人名、神名和一些不可翻译的专用名词，他一般都采用音译。一方面，这避免了不同音译所造成的牵强附会，或由于音译过多使译文难懂的弊病；另一方面，恰当的音译丰富了汉语的词汇，同时使译文保留了一些异国色彩，增加了文辞的美感。

4. 彦琮的翻译理论

彦琮是隋代一位有影响的翻译家，他翻译过很多佛经，其主要观点是“八备”说，是指做好佛经翻译必须具备的八项条件：诚心爱法，志愿益人，不惮久时；将践觉场，先牢戒足，不染讥恶；筌晓三藏，义贯两乘，不苦暗滞；旁涉坟史，工缀典词，不过鲁拙；襟抱平恕，器量虚融，不好专执；耽于道术，淡于名利，不欲高衔；要识梵言，方闲正学，不坠彼学；薄阅苍雅，粗谙篆隶，不昧此文。

通俗来讲，佛经翻译人员应该具备以下条件。

①诚心爱法，立志为人奉献，不怕耗时、费力。

②品行端正，忠实可信，不招别人讥笑、讨厌。

③博览佛经，通达义旨，不拖泥带水。

④涉猎中国经史，擅长文学，精于辞藻，笔锋达意。

⑤度量宽和，虚心求教，不武断固执。

⑥深爱道术，不喜名利，不出风头。

⑦精通梵语，熟悉译法，不失原义。

⑧兼通中国训话，使译文不失准确。

上述条件中，第一点、第二点、第五点和第六点是关于翻译主体的人格修养，第三点、第四点、第七点和第八点是关于翻译主体的学识修养，即译者所具备的理解能力、表达能力以及掌握两种语言的水平。在文与质的问题上，彦琮在《辩证论》中提出“宁贵朴而近理，不用巧而背源”的原则，坚持忠实第一。

5. 玄奘的翻译理论

玄奘是唐代佛经翻译的代表人物。他的翻译著作很多，但关于其译论的资料很少。后人总结出他的翻译思想为“既须求真，又须喻俗”。玄奘的佛经译文既忠于原文，又注重文体风格，是文质结合的典范。

（1）五不翻原则

玄奘提出了“五不翻”原则，这里的“不翻”实际上就是采用音译。

①秘密故不翻。意思是说，具有神秘色彩的词语不用意译，而应采用音译。佛经中有大量的“秘密”，如“咒语”等。这些秘密咒语具有神秘莫测的特点，通过念诵的声音形式来体现其神秘之处，因此宜采用音译方式。

②多含故不翻。意思是说，具有多种含义的词语不用意译，而应采用音译。佛教经典中有些词语含义非常丰富，而汉语中找不到与之完全对应的词语，如果使用其中一个含义的词语，则会造成信息与意义缺失。

③此无故不翻。意思是说，目的语文化中没有的词语不用意译，而应采用

音译。例如，“阎浮树”又名“胜金树”，只产于印度等地，中国没有这种树，所以采用音译。

④顺古故不翻。意思是说，对以前已经存在并广泛使用的约定俗成的音译词语不用意译，而应遵循习惯沿袭其原有的音译。

⑤生善故不翻。意思是说，有些词语用音译能令人生尊重之念，否则容易等闲视之，所以对这类词语不用意译，而应采用音译。例如，“般若”跟汉语里的“智慧”意思差不多，但有着轻重之分。所谓般若不是普通的智慧，是指能够了解道、悟道、修证、了脱生死、超凡入圣的这个智慧。这不是普通的聪明，是属于道体上根本的智慧。这不是用思想得到的，而是身心两方面整个投入求证到的智慧。因此，音译为“般若”显示出对佛经的尊重、敬仰，而意译为“智慧”则显得轻浅世俗。

简而言之，这五种原则比较全面地回答了支谦的“名物不同，传实不易”的问题。

（2）翻译技巧

在翻译实践中，玄奘主要运用了六种技巧。

①补充法（增词法）。

②省略法（减词法）。

③变位法（根据需要调整句序或词序）。

④分合法（分译法和合译法）。

⑤译名假借法（用另一种译名来改译常用的专门术语）。

⑥代词还原法（把原来的代名词译成代名词所代的名词）。

6. 赞宁的翻译理论

宋初的赞宁是千年佛经翻译的总结者。他有关翻译的论述集中在《译经篇》后附的“系”和“论”里，这些文字较为系统地论述了翻译的性质，简要回顾了此前的翻译史，总结了前人的翻译活动、经验以及方法和理论，并提出了自己的观点。

就翻译的性质与定义而言，赞宁明确指出：“译之言易也，谓以所有易所无也。”也就是说，翻译就是对原文的一种改变。他还提出，“懿乎东汉，始译《四十二章经》，复加之为‘翻’也。‘翻’也者，如翻锦绮，背面俱花，但其花有左右不同耳。由是‘翻译’二名行焉”。他把翻译中的文本内容比作绣花的图案，原文与译文则是图案的正反两面，即二者内容相同，只是正反的“花”（形式）有所不同。

（1）翻译方法

赞宁在翻译方法上提出“六例”说：“今立新意，成六例焉。谓译字译音为一例，胡语梵言为一例，重译直译为一例，粗言细语为一例，华言雅俗为一例，直语密语为一例也。”

①译字译音。赞宁提出了四种关于“译字和译音”的情况，即译字不译音、译音不译字、音字俱译和音字俱不译。

②胡语梵言。赞宁从地理位置和语言构成两个方面指出了梵语与胡语之间的区别：“……胡语梵言者，一在五天竺，纯梵语。二雪山之北是胡。……三亦胡亦梵……”他指出了人们思想认识上的两大误区：一是从东汉到隋朝，人们“皆指西天以为胡国”，所以有“译胡为秦”的说法；二是隋朝以后，人们又误以为西天为梵，矫枉过正，过犹不及，当时的佛经既有梵语文本，又有胡语文本，甚至存在胡梵夹杂的文本，应加以区分。

③重译直译。直译即直接翻译，是指直接把梵文佛经翻译成汉语文本。需要注意的是，这里所说的直译并不是我们现在所说的与意译相对的直译。重译是我们现在所说的间接翻译或称“转译”，即把胡语佛经文本转译成汉语文本。

④粗言细语。根据赞宁的说法，佛经文辞有粗细之分。细语是典正言辞，粗言是“泛尔平语言辞”。赞宁区分了三种情况：一是粗言，是“古印度时俗之言”；二是细语，是译经大师们用汉语雅言译出的原文词语；三是亦粗亦细，是梵语佛经文本中既有粗言又有细语的混同状态。

⑤华言雅俗。具体指目的语——汉语的雅俗问题，即要译出原文的语言风格。源语的俗语不能译成目的语的雅言，反之亦然。

⑥直语密语。直语是平时日常生活中所用的平白的话语，密语则是宗教中的神秘词语。“直”是指用较通俗的话直译，“密”是指用较隐秘的话意译。

（2）文体风格

在文体风格方面，赞宁认为佛经译文的语言风格应居雅俗之间，不应走极端，折中适时才是最恰当的。所谓折中，即译作文字要贴切、得当；所谓适时，即译文语言要合乎当时通行的风格，这样才能达到传达佛旨的目的。

7. 徐光启的翻译理论

徐光启是明末著名的科学家、政治家、翻译家，他翻译过《几何原本》《泰西水法》《灵言蠡勺》等，是将我国翻译的范围从宗教以及文学等扩大到自然科学领域的第一人。徐光启没有留下系统的翻译理论，但其散见于译书序言中的翻译思想对当时士大夫和传教士翻译科技著作的工作产生了积极的影响，他的翻译思想集中体现在以下三个方面。

第一，认识到翻译的重要性，认为翻译是吸取他国长处的先决条件和手段。“欲求超胜，必须会通；会通之前，必须翻译。”这种拿来主义的翻译态度是十分宝贵的思想，放在当时的历史与文化语境下，显得弥足珍贵。

第二，提出翻译时要抓重点，抓“急需”。西方数学的严密理论和逻辑体系是其他学科的基础，因此应该将数学专著的翻译放在首位。

第三，在《几何原本》译序和杂议中谈到翻译的目的是“以裨益民用”，即通过翻译来造福人民。

8. 魏象乾的翻译理论

魏象乾，汉族，雍正、乾隆时人。1739 年，被任命为“实录馆兼内翻书房纂修”（御用的专业翻译工作者），专门从事汉译满（清文）工作，是雍正朝《清实录》名列第六位的满文翻译。他对翻译原则、标准和初学翻译如何入门等问题颇有见地，并将汉满文字翻译经验总结为《翻清说》一文。该文仅 1600 字，属于内府刻本，共 6 页，却字字珠玑、寓意深刻，是我国最早的内部出版的翻译研究单篇专著。

在这篇短文中，魏象乾首先提出翻译的标准问题，认为好的翻译应该了解原文的意思，表达原文的措辞，保留原文的风格，传达原文的神韵，既不要增译，也不要删减，更不要颠倒原文顺序或断章取义，即“了其意，完其辞，顺其气，传其神，不增不减，不颠不倒，不恃取意”。其次，他认为当时汉译满诸书中，以《资治通鉴》和《四书注》“最为妥当，实得汉文之奥旨，清文之精蕴者”，可为初学者翻译之范本。他特别推崇《孟子》的满文译本。最后，他提出把汉语译成满文时要进行适当的增减。这篇短文既细致地谈论了翻译的技巧，又提出了关于翻译的宏观认识，是我国古代最为精辟的一篇翻译理论文章。

（二）中国近代翻译理论研究

近代翻译理论是指鸦片战争至五四运动时期形成的有关翻译的见解和理论。这一时期的翻译以西学翻译为主，涌现出一批优秀的翻译家，他们致力于翻译的实践研究，提出了独到的翻译见解和理论。可以说，这一时期是我国翻译理论自成体系的开创时期。

1. 徐寿、傅兰雅的翻译理论

徐寿是洋务运动时期著名的化学家、科技翻译家，他与傅兰雅合译或自译西方书籍 13 种，代表作有《化学鉴原》《化学术数》《化学考质》等，并首创了一套化学元素的中文名称。傅兰雅结合自己丰富的翻译经验，提出了翻译应“不失原文要旨”“易于领会”的翻译标准。这一时期的翻译大家对翻译理论的最大贡献是对科学技术术语的统一工作，从译名统一的原则到科学术语词典的编纂都在翻译史上留下了宝贵的财富。傅兰雅、徐寿等人提出了著名的“译名七原则”。

①尽可能直译，而不意译。

②万一不能意译，则要用尽量适当的汉字音译，要建立音译体系，基本词素要固定，要用官话音译。

③新术语尽可能同汉语的固有形式构建相一致。

④译名要简练。

⑤译名要予以准确的定义。

⑥译名在各种场合都要符合原意，不致矛盾。

⑦译名要有灵活性。

“译名七原则”的提出对科技名词的翻译和外来科学技术的引入做出了巨大贡献，促进了中国翻译理论的形成；有力地驳斥了汉语难译科技书籍的说法，指出中国人也可以创造新词汇；倡导科技译名统一，并指定译名的具体规则，使有关地理、物理、化学、医学、数学等科学书籍译成，并广泛流传。

2. 马建忠的翻译理论

马建忠是洋务运动时期的语言学家，他关于翻译的论述主要见于其1894年写的《拟设翻译书院议》这篇文章中。他在文中明确指出了翻译对中国反抗外国欺侮，并最后战胜外敌的重大意义，以及创设翻译书院、展开翻译活动、培养翻译人才的紧迫性。在该文中，马建忠提出了“善译”翻译观：“夫译之为事难矣，译元将奈何？其平日冥心钩考，必先将所译者与所以译者两国之文字，深嗜笃好，字栉句比，以考彼此文字孳生之源，同异之故。所有相当元实义，委曲推究，务审其音之高下，析其字句之繁简，尽其文体之变态，及其义理精深奥折之所由然。夫如是，则一书到手，经营反复，确知其意旨之所在，而文摹写其神情，仿佛其语气，然后心觉悟神解，振笔而书，译成之文适如其所译而止，而曾无毫发出入于其间，夫而后能使阅者所得之益与观原文无异，是则为善译也巳。”

这段话的意蕴非常丰富、全面，涉及语义学、语用学、文法学、修辞学，以至于进入了文化研究的领域。在马建忠看来，“翻译是很难的事情，我们应该怎么翻译呢？平时在翻译训练中就应该培养自己对两种语言的浓厚兴趣，用心思考，一定要先将所要翻译的语言和用来翻译的语言进行仔细的研究和比较，以考察两种语言文字产生的渊源，领悟两种语言相同或相异的缘由。对两种语言相当的意义应加以反复推敲，务必探究其语调的高低，分析其字句的繁简，弄清其文体的变异，了解其内涵细微差异的由来。这样，拿到一本书必须反复阅读，掌握它的精神实质，并且揣摩出它的风格，体会到它的语气，才能消化、吸收，写起来得心应手，使译文和原文一模一样，没有丝毫的差别，读者能从中得到与看原文相同的收获，这样的翻译可称得上好翻译”。

马建忠非常注重源语言和文本，强调细致的文本分析，而且推崇翻译中的直译。他的“善译”理论与当代的翻译等值理论如出一辙，建构了中国近代重要译学理论的发展基础。

3. 梁启超的翻译理论

梁启超是我国近代史上著名的思想家和文学家。梁启超把翻译当作强国之道，目的在于推行维新变法。梁启超在其长篇巨著《变法通议》的第七章(论译书)中指出了译书的两个弊端，“一曰徇华文而失西义，二曰徇西文而梗华读”，即一是由于遵循汉语的表达习惯而失去了原文的文化内涵等，二是由于遵循英语的表达习惯而造成汉语译文的晦涩难懂。同样在第七章中，梁启超指出：“自鸠摩罗什、实叉难陀皆深通华文，不著笔受。玄奘之译《瑜伽师地论》等，先游身毒，学其语，受其义，归而记忆其所得从而笔之。言译者，当以此义为最上。”这段话的含义是鸠摩罗什和玄奘等都精通汉语和梵文，能够了解原文含义，因此翻译时无须多加润饰，只需记下来直接译成汉语即可，这是翻译的最佳方法，也值得其他译者效仿。梁启超还曾指出：“凡译书者，将使人深知其意，苟其意靡失，虽取其文而删增之，颠倒之，未为害也。然必译者之所学与著书者之所学相去不远，乃可以语于是。”其含义是翻译书籍务必要让读者深刻了解原文含义，如果原文含义有所靡失，只保留原文部分含义或增减原文内容、颠倒原文顺序等，都是有害的。另外，译者的学识专业必须和原作者接近，这样才能翻译出质量上乘的作品。

4. 林纾的翻译理论

林纾是中国近代翻译史上的翻译大师，也是中国文学翻译事业的先行者和奠基人，被公认为中国近代文学翻译的开山鼻祖。林纾不懂外语，但他仍然和朋友共同翻译了十几个国家的几十位作家的作品。尽管其译文难免出现一些错误，但这并不能否认他对中国翻译事业所做出的贡献。林纾的翻译思想主要体现在以下几个方面。

（1）翻译不易

林纾认为，翻译书籍需要抱有严谨、审慎的态度，要想翻译出好的作品，译者必须先了解原文所引用的历史典故、风俗文化、古籍旧说等知识，并了解源语和目的语之间的异同，在传递源语文化的同时，使译文符合目的语的表达习惯，这样才能达到理想的翻译效果。

（2）译文要忠实于原著

林纾在《黑奴吁天录》的例言中指出："是书为美人著。美人信教至笃，语多以教为宗。顾译者非教中人，特不能不为传述，识者谅之。"意思是，本书原作者是一位美国作家，美国人大多深信基督教，因此书中语言很多都体现了基督教教义，但由于译者并不信仰基督教，因此照搬原文内容而不予翻译，望读者原谅。林纾认为，译者在翻译外国作品时难免会对书中的内容产生异议，但翻译时仍需忠实于原文，将原文的特征、思想表现出来。

（3）译名统一

林纾在《中华大字典》的序言中阐述了自己对译名统一问题的看法，汉语中一个字只有一个含义，只有将一个一个的汉字联合起来才能成文。因此，在翻译英文时往往需要耗费大量汉字，再加上由于没有一定的名词，常会和英文原作相左。对此，林纾提出，"由政府设局，制新名词，择其淳雅可与外国名词相通者，加以界说，以惠学者"。尽管这个提议并未被当局采纳，却是他对中国翻译的另一个重要贡献。

5. 鲁迅的翻译理论

鲁迅是中国著名的思想家、革命家、文学家、评论家。下面具体介绍鲁迅的翻译思想。

（1）翻译目的

鲁迅认为，翻译的目的有两个：为革命服务和供大家参考。鲁迅在《"硬译"与"文学的阶级性"》一文中曾论及"为什么而译"这一问题，他的回答是"为了我自己，和几个以无产文学批评家自居的人，和一部分不图'爽快'，不怕艰难，多少要明白一些这理论的读者"。鲁迅认为翻译一般的文章和作品是为了供大家参考，而翻译革命的文学作品、科学的文艺理论的目的则是要解剖自己、提高自己，帮助那些不甚了解革命理论却"以无产文学批评家自居的人"，帮助同一阵营里的文学工作者。总的来说，鲁迅认为翻译要"有用""有益"。

（2）以信为主，以顺为辅

鲁迅认为翻译应做到“信”和“顺”，并认为“信”是翻译工作中最重要的，译者应在保证“信”的同时，尽量使译文流畅通顺。对于当时有人提出的“与其信而不顺，不如顺而不信”的观点，鲁迅在《再来一条“顺”的翻译》中加以批判，并提出了“宁信而不顺”的观点，“这自然是‘顺’的，虽然略一留心，即容或会有多少可疑之点……这才明白《时报》是因为译者不拘泥于‘硬译’，而又要‘顺’，所以有些不‘信’了。倘若译得‘信而不顺’一点，大略是应该这样的”。

对此，人们常常产生一个误解：鲁迅求信而不求顺。但仔细阅读这段话不难看出，“信而不顺”的观点是在相互比较的情况下提出的，是相对的而非绝对的。事实上，鲁迅并未把“信”和“顺”对立起来，并不认为取“信”就要放弃“顺”，而是持“以信为主，以顺为辅”的观点。

（3）以直译为主，以意译为辅

对于翻译的策略，鲁迅明确提出直译的主张，这是针对晚清以来翻译多随意删减、颠倒、附益的不良风气而提出的。鲁迅在《域外小说集》的《略例》中指出，“任情删易，即为不诚。故宁拂戾时人，这徙具足耳”，这表达了其直译的观点。需要指出的是，鲁迅所提倡的直译并非死译，也不是逐字翻译，而是既要保存原文全部的思想内容，又要尽量保留原文的语言形式、风格等。

（4）复译有必要

由于晚清时期很多学者乱译、硬译，致使很多读者都不愿意看翻译的作品，并且严重影响了中国读者对原作的认识。鲁迅认为，要改变这种情况需要对那些已有翻译版本的原作进行复译。他在《非有复译不可》一文中曾指出：“诬赖、开心、唠叨都没有用处，唯一的好方法是又来一回复译，还不行，就再来一回。”这一思想对我国翻译事业的健康发展做出了不可磨灭的贡献。

（5）提倡翻译批评

对于当时国内盛行的乱译、硬译现象，鲁迅提出了翻译批评。他不仅指出了以前的翻译批评的不当之处，还对翻译批评该如何开展提出了很多独到的见解，为后来翻译批评的健康发展起到了促进作用。

鲁迅在《为翻译辩护》中指出，翻译作品不好的主要责任虽在于译者，但读书界、出版界、批评家也有一定的责任。要改变、整顿现在翻译的恶劣风气，正确的翻译批评是必须的。通过翻译批评指出坏的，奖励好的；如果没有好的，则较好的也可以；如果连较好的也没有，则要在指出译本坏的地方之余还要指出其好的地方。

由上述可知，鲁迅对翻译批评的态度十分宽容。他鼓励和支持翻译，并提倡区分译文质量的好坏，为读者选出好的或者较好的译文，即使没有这样的译本，也要从不完全坏的译本中找出好的方面，从而尽可能地让读者受益。这种翻译批评法对端正翻译批评之风无疑是极为有利的，而鲁迅的这种辩证唯物主义思想也成为中国翻译批评日后进一步发展的基石，有助于将中国的翻译批评引到一条正确的道路上。

6. 严复的翻译理论

严复是中国近代翻译史上学贯中西、具有划时代意义的翻译家，也是我国首创完整翻译标准的先驱者。严复吸收了中国古代佛经翻译思想的精髓，并结合自己的翻译实践经验，在《天演论》译例言里鲜明地提出了“信、达、雅”的翻译原则和标准。

①“信”（faithfulness）是指忠实准确地传达原文的内容。

②“达”（expressiveness）指译文通顺流畅。

③“雅”（elegance）可解为译文有文采，文字典雅。

这条著名的“三字标准”对后世的翻译理论和实践的影响很大，20 世纪的中国译者深受这三个字影响。

（三）中国现代翻译理论研究

1. 胡适的翻译理论

胡适是我国现代著名学者、诗人、历史学家、文学家和哲学家。从 1919 年起，胡适陆续翻译了都德、莫泊桑、契诃夫等人的短篇小说，拜伦的长诗《哀希腊》，易卜生的剧本《娜拉》（与罗家伦合译）等西方著作。

胡适也是中国白话新诗翻译的领军人物。他认为，用文言文译诗，无论做得怎样好，“究竟只够供少数人的赏玩，不能行远，不能普及”。诗歌必须为贫民大众所理解和接受，因此翻译应该做到明白流畅。胡适的诗歌翻译无论在语言、格律还是意境上，都极大地促进了白话的开创和发展。

胡适用十分严肃认真的态度对待翻译，提出了“三负责”之说。他认为写文章有两重责任：一是向自己负责；二是向读者负责。翻译文章有三重责任：一是要对原作者负责任，求不失原；二是要对读者负责任，求他们读懂；三是要对自己负责任，求不致自欺欺人。

他在《建设的文学革命论》中提出了翻译西洋文学名著时只译名家著作，不译第二流以下著作的看法。他还主张全用白话进行翻译。他的这两个观点在当时很有影响力，大大推动了白话文翻译的发展。

2. 郭沫若的翻译理论

郭沫若是中国现代著名的诗人、文学家、戏剧家和翻译家，其翻译理论主要表现在以下几个方面。

（1）风韵译理论

郭沫若在为田汉译《歌德诗中所表现的思想》一文的“附白”中指出：“诗的生命，全在它那种不可把握之风韵，所以我想译诗的手腕与直译意译之外，当得有种‘风韵译’。”“风韵译”理论不赞同移植或逐字逐句地翻译，而是强调“以诗译诗”，认为翻译的过程是两种文化融合的过程，不仅是两种语言的转换，更是译者对原文审美风格的再创造。

（2）生活体验论

对于译者的素质，郭沫若认为主体性、责任心是译者必须具备的。他认为，翻译工作要求译者具有正确的出发点和高度的责任感，一方面要慎重选择作品，另一方面要以严肃的态度进行翻译。除了责任心以外，郭沫若认为译者主观感情的投入对翻译工作也十分重要。翻译之前，译者先要深入了解原文作家和作品，只有这样才能更深刻地了解原文和作者的思想。郭沫若曾说自己在翻译别人的作品时常常和原作者“合而为一”，使自己变成作者，融入作品中，体会原作的情感与内涵。这种“合而为一”的翻译思想对翻译理论的发展同样做出了重要的贡献。

（3）好的翻译等于创作

郭沫若早期将原作与翻译之间的关系比作处女和媒婆，认为翻译是一种附属事业，贬低了翻译的作用。而随着文学思想的转变，郭沫若端正了对翻译的态度，认识到了翻译的重要作用，并指出“好的翻译等于创作，甚至可以超过创作”。翻译有时比创作还困难，因为创作需要一定的生活体验，而翻译需要体验别人体验的生活。另外，翻译要求译者不仅有很高的英文功底，还要有扎实的汉语功底。由此可见，翻译其实并不比创作容易。

翻译不是一个简单的工作，而是一种需要创造力的艺术。好的翻译和创作无异，甚至会超过创作。郭沫若本人在翻译过程中无不关注原作的艺术风格和精神思想，并将其融入笔端，进行艺术的再创作。只有这样的创造性翻译才是真正高质量的翻译。

3. 茅盾的翻译理论

茅盾是中国现代著名小说家、文学评论家、文化活动家，他所倡导的是“神韵”与“形貌”辩证统一的文学翻译批评理论，对中国的文学翻译批评产生了极大的影响。

晚清时期，严复提出了“信、达、雅”的翻译标准，这是对中国传统翻译批评影响深远的一种模式，也可以说是晚清文学翻译批评的标准模式。但在实践中，译者与翻译批评者之间互动不够，翻译批评难以真正起到指导翻译活动的作用。随着五四运动的兴起，中西文化的碰撞为文学翻译及文学翻译批评注入了新的活力。

茅盾在大量翻译外国文学作品的同时，十分注重中国古代文论中的精华。对于当时文学翻译批评界争论不下的“直译”和“意译”问题，茅盾提出了符合中国传统文化思想的文学翻译批评主张，即“形貌”和“神韵”相结合的辩证统一的翻译批评理论。

对于直译和意译，茅盾曾表示，由于英汉文字不同，对所有文本一律采取直译法很难。译者往往照顾了语言的形式就会导致神韵不足，而照顾了神韵，语言形式又会和原文不同，即“形貌”与“神韵”无法同时保留。尽管如此，“形貌”与“神韵”却又是相辅相成的，“单字”“句调”不仅构成了语言的“形貌”，也构成了语篇的“神韵”。

茅盾通过中国文论中的“形貌”“神韵”“单字”“句调”概念打破了晚清以来文学翻译批评的限制，他所倡导的“形貌”与“神韵”辩证统一的翻译批评理论也是对当时争论已久的“直译”和“意译”问题的一个最佳解决办法，这使中国的翻译批评摆脱了传统束缚，产生了新的生机，极大地促进了中国传统文学翻译批评向现代文学翻译批评的转换。

4. 叶君健的翻译理论

叶君健是著名翻译家、儿童文学家，擅长用世界语、英语写作。他曾翻译毛泽东的《论持久战》和其他一些论著，并在菲律宾马尼拉出版，这是毛泽东著作第一次在国外以英译本形式正式出版流传。叶君健通晓英文、法文、丹麦文、瑞典文等多种语言文字，一生翻译了大量外国文学著作，尤以翻译安徒生的童话而闻名于世。其他主要译著有爱斯古里斯的《亚格曼农王》、麦特林克的《乔娜娜》、易卜生的《总建筑师》、托尔斯泰的《幸福的家庭》、梅里美的《卡尔曼》、贝洛奇等的《南斯拉夫当代童话选》等，主要论著有《读书与欣赏》《两楼集》等。叶君健自 1958 年翻译《安徒生童话全集》以来，一贯关注译者在翻译中的主体性和创造性。传统翻译观念认为，译者应充当“隐形人”，彻底“隐身”，完全忽略了译者客观存在的介入行为。叶君健认为，文学翻译不是简单的符码转化，不是单纯的翻译技巧问题，翻译有再创造的一面，因而也是一种文学创作。译作的倾向和功能要受到译者的文化身份、修养、意识形态、立场等因素的影响。

1997年，叶君健发表了《翻译也要出“精品”》一文，系统地论述了自己的“精品”理论，即把一部外国作品移植到国文中来，如果功夫到家，就使其转化成为本国文学作品。在文中，他强调了“译者的个性”和“个性的译作”。他的“精品”论具有鲜明的学术个性，是他毕生翻译经验的精华，也是他留给译界后人的最后一笔财富。

5. 傅雷的翻译理论

傅雷是中国著名的文学翻译家、文艺评论家，他在《高老头》译序中提出了“神似论”的翻译标准。具体来说，傅雷对翻译理论的贡献主要表现在两个方面。

（1）传神达意

傅雷曾说，领悟原文是一回事，而将原文含义用汉语表达出来又是另外一回事。他认为翻译时做到“传神达意”必须把握好以下三点。

第一，中文写作。傅雷认为，好的译文要给人一种原作者在用汉语写作的感觉，这样原文的精神、意义以及译文的完整性和流畅性都得以保全，也不会产生以辞害意或以意害辞的问题。

第二，反复修改。傅雷对待翻译的态度极其严肃，并以“文章千古事，得失寸心知”为座右铭。傅雷指出，好的翻译离不开反复的锤炼和修改，做文字工作不能只想着一劳永逸，而应该不断地推敲、完善。

第三，重视译文的附属部分。所谓译文的附属部分，即注解、索引、后记、译文序等内容，这些内容都对译文能否“传神达意”有着重大影响。妥善处理这些内容有助于读者更好地理解原文的形式和内容。

（2）神形和谐

傅雷认为，翻译要像临画，重点求神似，形似在次。他将中国古典美学理论运用于翻译之中，用绘画中“形神论”的观点来对待翻译。傅雷指出，要做到传神达意，仅按照原文句法拼凑堆砌是不行的，更重要的是要和原文神似，但这并不是说译者可以抛弃原文的形式，而是要在和原文神似的基础上追求形似，不能求形而忘神。神和形是语篇的两个方面，二者紧密联系。神依附于形而存在，神又是形的根本意图。因此，二者是一个和谐的整体，其各自的轻重无法简单衡量。

形与神的和谐需要译者的创造。傅雷认为翻译的标准是，假设译文是原作者用汉语撰写的，提倡译文必须使用纯粹的、规范的中文，不能声音拗口。另外，为了再现原文的生动内容，体现出时空、语境的差异，傅雷还指出译者必须杂糅各地方言，也可以使用一些旧小说套语和文言。使用方言、旧小说套语和文言的关键在于适当调和各成分在语篇中的作用，避免导致译文风格支离破碎。傅雷这种将方言、行话、文言和旧小说套语等融入白话文中，从而竭尽所能地转达原文的“神韵”，不能不说是一个创造性之举。

6. 钱钟书的翻译理论

钱钟书是我国著名的作家、文学研究家，他对翻译也有很多发人深省的论述。“化境说”是钱钟书对翻译理论的主要观点，也是最大贡献。“化境”和中国传统文论一脉相承，原指艺术造诣达到精妙的境界，被钱钟书引入翻译领域中则指原作的“投胎转世”。钱钟书在《七缀集·林纾的翻译》中首次提出了“化境说”的翻译观。具体而言，“化”包括以下三个方面。

①转化，即将一国文字转换成另一国文字。

②归化，即能用汉语将外国文字准确、流畅、原汁原味地表现出来，读起来不像是译本，倒像是原作。

③化境，即原作的“投胎转世”，虽然语言表现变了，但精神姿致如故。

此外，“化”还需注意以下两个方面。

①翻译时不能因为语言表达的差异而表现出生硬、牵强之感，否则须得“化”之。

②“化”的时候不能随便去“化”，不能将原文文本中有的东西“化”没了，也就是说，虽然换了一个躯壳，译文仍要保留原文的风味、精神、韵味。

“化境”是钱钟书将原本用于中国古典美学的“境界”概念引入翻译领域中得出的一种翻译理论。他指出，“境界”是所有学科的共性，是相通的。钱钟书将文学翻译理论纳入文艺美学范畴的做法对中国文化而言意义深远。“化境说”不仅兼顾了翻译中的语言形式和神韵，还强调了译者的创造性。因此，“化”是翻译的最高境界。

7. 王佐良的翻译理论

王佐良是我国著名的英美文学研究家和文学翻译家。在翻译领域，他是继承中国传统翻译思想和借鉴西方译论、探索我国现代翻译理论的先行者。20世纪50年代起，他以双向翻译从事文化交流和文学研究，把中国戏剧文学名著《雷雨》等作品译成英文，把多种英诗译为中文，主张以诗译诗，保存原诗风貌。他的主要译著有《彭斯诗选》、培根的《论读书》《英国诗文选译集》《苏格兰诗选》、曹禺的《雷雨》《朱利安与马达罗》等，主要著作有《翻译：思考与试笔》《英语文体学引论》《英国文学论文集》。他还主编了《英国文学史》《英国诗史》，并花费七年时间参加《雪莱全集》的译校工作。

20世纪80年代，他在《新时期的翻译观》一文中提出在继承我国传统翻译思想的基础上对外开放的指导思想。他较早提出、引进西方现代语言学科理论，将其付诸中国的翻译理论研究，并提议建立翻译研究的跨学科、综合性途径。王佐良在多篇论文中反复强调自己的翻译观点，即译文要忠实原作，译文是原作的灵魂，是整个概念、整片情感和整个作品的意境、气氛或效果。这一观点与西方当代翻译功能主义学派的目的论的观点基本一致。1984年和1985年，王佐良先后发表了《翻译中的文化比较》和《翻译与文化繁荣》两篇文章，论述了翻译与文化的密切关系，提出“翻译者必须是一个真正意义上的文化人”。在王佐良“把翻译研究与比较文化结合起来”的积极倡导下，20世纪80年代末至90年代初，国内出现一股“文化翻译热”，一度形成翻译理论研究的“文化学派”。

8. 焦菊隐的翻译理论

焦菊隐是我国著名的戏剧家、杰出的导演艺术家、卓越的文学翻译家和翻译理论家。他精通多种文字，译笔流畅自然，且具有独特的戏剧风格，其主要译作有波特莱尔的《月亮的恩惠》、莫里哀的《伪君子》、左拉的《娜娜》、高乃伊的《希德》、爱伦·坡的《海上历险记》《爱伦·坡故事集》、俄国契诃夫的《歌女》《樱桃园》、高尔基的《布雷乔夫》、丹钦柯的《文艺·戏剧·生活》、安徒生的《现代戏剧译丛》、迦梨陀娑的《失去的戒指》、贝拉·巴拉兹的《安魂曲》等。

焦菊隐发现，有的译文若是用原文去对照，可能任何一句都没有错，但全段或全篇读完反倒不知道说的是什么。产生这种现象的原因在于译者孤立地理解句子或段落，忽略了原文的整体思想与感情。因此，他发表了著名论文《论直译》，提出了“整体论”的翻译思想，认为译者要建立整体观念，做到整体意义对应，然后再从上而下、由大到小地考察每个部分的意义，逐步完成各个部分的对应。他提出的“整体论”是对篇章翻译理论的一大贡献，丰富了我国的翻译理论和思想，具有重要的理论意义和实践价值。他从哲学的角度科学地论述了词的绝对价值和相对价值，指出一个词在篇章中的意义往往不是它的固有词义，而是它在特定环境（上下文）中的具体所指。他还提出翻译是“二度”创造的艺术，许多翻译工作者经过一二十年的努力，仍未能提升自己的水平，就是因为缺乏“翻译是二度创造艺术”的认识。

二、外国翻译理论研究

（一）古代至中世纪翻译理论研究

1. 西塞罗的翻译理论

西塞罗是古罗马共和国末期的政治家、哲学家、演说家、散文家、律师和拉丁语言大师，是西方翻译史上最早的翻译理论家之一。西塞罗曾翻译过许多古希腊政治、哲学、文学等方面的名著，其中包括柏拉图的《蒂迈欧篇》和荷马的《奥德赛》。因此，他的译论深深植根于翻译实践的基础之上。西塞罗对翻译理论的阐述主要见于《论最优秀的演说家》和《论善与恶之定义》。虽然这两部著作并非论述翻译的专著，但其中的精辟见解对后世的翻译理论与实践产生了深远的影响。

在《论最优秀的演说家》第 5 卷第 14 章中，西塞罗提出的所谓“解释员”式翻译与“演说家”式翻译的区分，即直译与意译两种基本译法的区分，是西方翻译理论起源的标志性语言。在《论善与恶之定义》中，西塞罗提出翻译必须采取灵活的方式，选词造句要符合自己的语言，以达到感动读者的目的。在此基础上，西塞罗强调翻译是一种文学创作。西塞罗是西方翻译史上正式提出翻译的两种基本方法、译作与原作的关系、形式与内容的关系及译者的权限和职责等问题的第一人。他打破了翻译只限于实践而脱离理论的状态，是西方翻译史上的第一位理论家。

2. 哲罗姆的翻译理论

哲罗姆是早期西方基督教会四大权威神学家之一，被认为是罗马神父中最有学问的人。他最著名的翻译是拉丁文《圣经》，即《通俗拉丁文本圣经》。这次翻译非常成功，它结束了拉丁语中《圣经》翻译的混乱现象，既为拉丁文读者提供了第一部“标准”的《圣经》译本，又为后世欧洲各国的译者提供了参考样本。哲罗姆提出了切实可行、系统严谨的翻译原则，主要有以下几点。

①翻译不能始终字当句对，必须采取灵活的原则。

②应区别对待“文学翻译”与“宗教翻译”。

③正确的翻译必须依靠正确的理解。

3. 贺拉斯的翻译理论

贺拉斯是古罗马时期著名的政治家、抒情和讽刺诗人、文艺批评家、翻译家。他的翻译思想集中体现于《诗艺》（又名《致皮索兄弟书简》）。《诗艺》中“忠实原作的译者不会逐词死译”这句话后来成为活译者、意译者用来批评直译、死译的名言。他受西塞罗的影响，认为翻译必须避免直译，应选择意译，但意译并不意味着翻译可以天马行空地任意发挥，同时，他根据自己的创作和翻译实践率先提出“以希腊为典范的旗帜”，制定出一套古典主义的文艺原则，提倡创新。贺拉斯平易、和谐、寓教于乐的风格影响了文艺复兴以后的许多翻译家。

4. 布鲁尼的翻译理论

布鲁尼是意大利著名的人文主义者、学者和政治家，是中世纪末期最著名的翻译理论家。他在《论正确的翻译方法》这篇论文中对翻译问题进行了专门论述，是西方翻译史上最早对翻译问题进行专题研究的学者。布鲁尼的翻译思想主要有以下三个方面的内容。

①译者应当尽可能地模仿原作风格。

②任何语言都可以用来进行有效翻译。

③翻译的实质是把一种语言里的东西转移到另一种语言中，因此译者必须具备广泛的知识。

5. 昆体良的翻译理论

昆体良是继西塞罗、贺拉斯之后提倡活译的另一位著名人物，以演说家、修辞学家著称。他一生写过三部著作，其中最有名也是唯一残存的作品就是《修辞学原理》。这部 12 卷本的《修辞学原理》讨论的是有关修辞学家一生的教育问题，但昆体良在第八、九、十卷阐述了自己的翻译思想。他不仅提出了翻译的分类，即一般普通材料的翻译和创造性转换性质的翻译，界定了“翻译”和“释义”，还主张译者可以通过翻译改进写作风格，与原文竞争，甚至可以通过改编翻译，用编译的语言提高原文的质量、《修辞学原理》是西方翻译理论著作中最早提出与原作“竞争”的论著。

6. 奥古斯汀的翻译理论

奥古斯汀是罗马帝国末期基督教神学家、哲学家、拉丁教义的主要代表，传世著作有《上帝之城》《忏悔录》《论基督教育》。其中《论基督教育》虽然是一本从神学角度论述语言学的著作，但书中许多论述都直接或间接涉及语言的普遍问题和翻译问题，因此也被认为是古代语言学和翻译理论的重要文献。奥古斯汀的翻译理论可以概括为以下几点。

①译者必须通晓两种语言，熟悉并“同情”所译题材，还要具有一定的校勘能力。

②翻译中必须注意朴素、典雅、庄严三种风格。

③翻译中必须考虑“所指”“能指”和译者“判断”的三角关系。

④翻译的基本单位是词。

⑤《圣经》翻译必须依靠上帝的感召。

奥古斯汀的翻译理论对后世影响巨大，他的符号理论被哲学家和语言学家当作共同财产，直到今天仍在发挥作用。

（二）文艺复兴时期翻译理论研究

1. 马丁·路德的翻译理论

马丁·路德是德国神学家、辩论家、社会学家和翻译家。他按照通俗明了的翻译原则完成的《圣经》德译本被誉为第一部大众的《圣经》，在西方翻译史上占有极其重要的地位，对宗教改革、德语的统一、德国的文学和语言学的发展意义重大。此外，他翻译的《伊索寓言》具有很高的文学价值。路德在翻译理论方面的主要贡献体现在以下几个方面。

①使用大众所熟悉的通俗语言才能使翻译大众化。

②翻译必须注重语法和意思的联系。

③翻译要将原文的语言现象放在首位，要采用意译的方法帮助读者完全看懂译文。

④翻译必须集思广益。

⑤系统地提出了翻译的七条原则：可以改变原文的词序；可以合理运用语气助词；可以增补必要的连词；可以略去没有译文对等形式的原文词语；可以用词组翻译单个的词；可以把比喻用法译成非比喻用法，把非比喻用法译成比喻用法；注意文字上的变异形式和解释的准确性。

2. 多雷的翻译理论

多雷是法国文艺复兴时期著名的人文主义者、学者和翻译家，他翻译和编辑过《圣经·新约》、弥撒曲、柏拉图的对话录《阿克赛欧库斯》，以及拉伯雷的作品。长期以来，欧洲教会主张《圣经》的翻译应该直译，但多雷博学多才、思想解放，他因主张意译而被活活烧死在火刑柱上，时年 37 岁，是文艺复兴以来第一位因翻译而受难的翻译家。

在多雷看来，翻译是译意，而不是译字。为了表达作者意图，译者有调整、颠倒译文句式的权利。多雷在《论出色翻译的方法》一文中对翻译问题进行了系统的论述。他认为，要想翻译得出色，必须做到以下五点。

①译者必须完全了解自己所翻译的作者的旨趣和内容。

②译者应该精通原文语言和目的语语言，不损害原文的优美。

③译者不应该亦步亦趋地逐字翻译。

④译者应该避免刻板的拉丁化味儿太浓的语言，要使用通俗的语言表达。

⑤译者应该调整次序、重构语序，避免生硬的翻译。

多雷的翻译理论造诣很高，再加上他本人被神职人员迫害致死，所以他的“五原则”在西方翻译界极受珍视，《论出色翻译的方法》这篇论文可被视作西方最早的一篇系统论述翻译问题的文章，在西方翻译思想史上占有相当重要的地位。

（三）西方近代翻译理论研究

1. 巴特的翻译理论

巴特是 18 世纪法国乃至欧洲最富影响力的文学理论和翻译理论家之一，他的代表著作有《论文学原则》和《纯文学教程》。巴特认为，语言的普遍因素不是语法，而是语序，语法结构为句子次序所支配，因此，如果出现矛盾，语法结构应让位于句子次序。他在《论文学原则》的第五部分着重讨论了翻译的语序问题，并提出了 12 条规则，如应该保留原文思想出现的先后顺序，原作中所有的连接词都应该保留，应该使用尽可能相同的篇幅来表达以使译文具有与原文同等程度的明晰，必须在译文中保留原作的修辞手段和形式等。

《论文学原则》集中体现了巴特对翻译问题的种种看法，观点新颖、论述精当，是西方 18 世纪翻译理论发展史上的一个里程碑。巴特既是一个翻译理论家，又是一位积极的翻译实践者。他所译的亚里士多德的《诗学》始终保留原作的语序，句子长短也与原文接近，达到了形式上的对等。

2. 歌德的翻译理论

歌德是享誉世界的文坛巨匠，是近代德国伟大的文学家、翻译家和翻译理论家。他所译的意大利雕刻家切里尼的《自传》、西班牙戏剧家卡尔德隆的戏剧和法国哲学家狄德罗的《拉摩的侄儿》等作品，在整个欧洲文学中都是颇具影响的上乘之作。

在歌德看来，翻译是世界事务中最重要、最有价值的活动之一，译者是人民的先知，因此人民应该重视翻译。他认为，文学作品包括诗作的可译性之所以存在，是因为不同的语言在其意思和音韵的传译中有着彼此相通的共性。他把翻译分为三类：传递知识的翻译、按照译语文化规范的改编性翻译和逐字对照翻译。

歌德的翻译理论是建立在浪漫派的美学基础之上的，因此他认为第三类翻译最好，既能传递原文的信息，又可以体现译文的优美。同时，他提出不论外国名著是诗体还是散文体，都应使用平易明快的散文体来翻译。歌德的翻译理论，尤其是以散文译诗和三种翻译类型的主张，对德国以及其他欧洲国家的翻译理论和实践都有很大的影响。

3. 洪堡的翻译理论

洪堡是德国的哲学家、教育改革家和语言学家，对德国在 18 世纪末至 19 世纪初成为西欧翻译理论研究中心做出过特殊贡献。《按语言发展的不同时期论语言的比较研究》和《论人类语言结构的差异及其对于人类精神发展的影响》是他的两部代表性论著。此外，他为自己翻译的古希腊戏剧家埃斯库罗斯的《阿伽门农》写过一篇重要的序言。在这些论著中，他用崭新的观点对语言问题进行了深刻的讨论。

洪堡认为，语言和人类思维、民族精神、文化有着密不可分的关系，语言决定思想文化。他提出，可译性与不可译性是一种辩证关系。虽然语言的不同给翻译带来了一定的困难，但不同语言之间的翻译是可能的，而且翻译对丰富译入语民族文学和语言起着难以替代的作用。在谈到翻译原则时，洪堡主张把忠实列为翻译的首要原则，但这种忠实必须指向原文真正的特点而不是其他旁枝末节。

洪堡的最大贡献在于他提出了一种两元论的语言观。尽管在 19 世纪这种语言观并没有引起重视，但在 20 世纪，现代语言学家斐迪南・德・索绪尔、帕尔西格、加丁纳等在洪堡两元论的影响下提出了二分法语言观，即语言可以从“语言系统”和“言语系统”两个方面进行分析，奠定了现当代翻译理论的基础。可见，没有洪堡的两元论就没有二分法语言观，也就没有了当今翻译理论的繁荣发展。

4. 施莱尔马赫的翻译理论

施莱尔马赫是一位颇有影响力的德国哲学家、神学家和古典语言学家。1813年6月24日，他在柏林德国皇家科学院宣读了一篇长达30多页的论文——《论翻译的不同方法》，从理论上阐述了翻译的原则和方法。这篇论文至今仍是翻译研究领域具有标志性意义的重要文献。施莱尔马赫在《论翻译的不同方法》中表达了以下几个重要的思想。

①翻译可以分为“真正的翻译”和“纯粹的口译”。施莱尔马赫是西方第一个把笔译和口译明确区分并加以阐述的人。在他看来，“纯粹的口译”主要适用于商业翻译，是一种机械的活动，不值得为之付出特别的学术关注。

②“真正的翻译”可以分为“释译”和“模仿”。前者主要指翻译科学或学术类文本，后者主要指处理文学艺术作品。二者的区别在于释译需要克服语言的非理性但可以达到原文和译文之间的等值，模仿可以利用语言的非理性却无法做到在所有方面都与原文精确对应。

③译者必须正确理解语言和思维的辩证关系。

④翻译有两种不同的途径，一种是使作者向读者靠拢，另一种是使读者向作者靠拢。这一思想后来被美国翻译理论家韦努蒂发展为翻译的归化和异化理论，在翻译界产生了巨大的影响。

（四）西方现当代翻译理论研究

在现当代，国外涌现出了一大批翻译理论学家，他们对翻译的研究大大丰富了翻译理论的内容，拓展了翻译研究的领域，对世界翻译理论做出了巨大的贡献。这里以学派为分类标准，介绍一些具有代表性的学者的翻译理论。

1. 语言学派

奥古斯汀以亚里士多德的“符号”理论为基础，提出了语言符号的“能指”“所指”和译者“判断”的三角关系，开创了西方翻译理论的语言学传统。20世纪初，斐迪南·德·索绪尔提出的普通语言学理论对语言和言语、语言的历时和共时进行了区分，提炼出了语言符号六对对立统一的性质，深深地影响了其他人文学科，如哲学、人类学、社会学、文化学、历史学、逻辑学、美学等，也极大地影响了西方翻译理论的发展，构筑了此后翻译研究的语言学派的基本框架，为当代翻译研究的各种语言学方法奠定了基础。索绪尔的语言哲学思想为翻译理论研究开辟了新的研究途径，西方翻译学者开始从科学的现代语言学视角来讨论翻译问题，充分运用语言理论来建立自己的翻译模式。翻译语言学派强调翻译过程中语言现象的研究与分析，着重从语音、词汇、句子、篇章等不同的语言结构层次出发来探讨翻译活动的普遍规律。此外，他们以“等值”为理论核心，认为语言和语言之间相互转换的等值方法是解决语言之间翻译问题的根本途径。翻译研究的这一语言学转向是西方翻译理论发展史上出现的第一次质的突破和飞跃，因此在20世纪40年代到70年代初，翻译被纳入了语言学范畴，被视为比较语言学、应用语言学和语义学的一个分支。语言学派在地域上分布较广，代表性学者也很多，下面介绍其中几位学者的观点。

（1）奈达的翻译理论

著名语言学家和翻译理论家尤金·奈达长期供职于美国圣经公会翻译部，是公认的现代翻译理论的奠基人，也是语言学派最重要的代表人物之一。从1945年开始，奈达共发表250多篇文章，著述40多部，其著述数量之多、质量水平之高、论述之详尽、系统之完备在西方翻译理论史上都是空前的。他的代表性专著有《翻译科学探索》《翻译理论与实践》《语言结构与翻译》《从一种语言到另一种语言》《语言与文化：翻译中的语境》等。

奈达于1947年发表的《论〈圣经〉翻译的原则和程序》标志着西方语言学派开始对翻译进行“科学”研究。他第一个提出“翻译的科学”这一概念，是“翻译科学说”的倡导者，因此翻译语言学派也被称为翻译科学派。他在语言学研究的基础上，把信息论应用于翻译研究，认为翻译即交际，创立了翻译研究的交际学派。他还就翻译过程提出“分析”“转换”“重组”和“检验”的四步模式，此外，他从社会符号学出发，论述了语言符号的相互依存性及对比意义，把符号的意义分解为“当下”“分析”和“综合”三个层次，具有操作性。奈达最有影响力的贡献是提出了“动态对等”的翻译原则，进而从社会语言学和语言交际功能的观点出发，提出“功能对等”的翻译原则。“功能对等”是奈达翻译理论的核心思想，在西方翻译理论发展史上占据了重要的地位。

奈达的翻译理论依据扎实的语言学基础对翻译概念及术语进行了科学明晰的界定；同时，其翻译理论的探索经过大量《圣经》翻译活动的实践检验后被证明是行之有效的。理论与实践的相互结合确立了奈达的学术地位。尽管如此，奈达的“动态对等”“功能对等”原则都过于注重内容而忽视形式，有一定的局限性。如果应用于文学翻译，有可能导致风格的失落和文学性的削弱。

（2）卡特福德的翻译理论

卡特福德在1965年发表的《翻译的语言学理论》一书中探讨了翻译的定

义和基本类型、翻译等值、形式对应、意义和完全翻译、转移、翻译等值的条件、语法翻译和词汇翻译、翻译转换或翻译转位、翻译中的语言变体以及可译限度等内容，从现代语言学视角诠释翻译问题，是翻译理论史上的划时代著作，在世界翻译学界产生了很大影响。卡特福德的主要翻译理论包括以下几个方面。

①对等值做了较为深入的研究，认为确立语言之间的等值关系是翻译的本质和基础。

②将翻译界定为“用一种等值的语言（译语）的文本材料去替换另一种语言（源语）的文本材料”，并指出对等是关键词，将寻求对等视作翻译研究和实践的中心问题。

③独创了“转换”这一术语，并将“转换”区分为“层次转换”和“范畴转换”两种形式。

④建议采用系统地对比原文和译文、辨别两种语言的不同特征、观察两种语言的限制因素的方法来培训翻译人员。

卡特福德摆脱了传统的印象式翻译研究方法，详尽分析了翻译等值的本质和条件，对语言转换的规律进行了科学的阐述，是20世纪少有的有原创性的翻译理论家。

（3）雅各布逊的翻译理论

美国著名语言学家罗曼·雅各布逊于1959年发表的《论翻译的语言学问题》第一次将语言学、符号学引进了翻译学，并从语言学的角度对语言和翻译的关系、翻译的重要性及翻译中存在的一般问题进行了详尽的分析和论述，为当代语言学派翻译研究的理论方法做出了开创性的贡献，被奉为翻译研究经典之作。在这篇论文中，雅各布逊首次将翻译分为三类：语内翻译、语际翻译和符际翻译，这一分类方式准确概括了翻译的本质，在译学界影响深远。此外，雅各布逊认为翻译必须考虑语言的认识、表达和工具等功能，还必须重视语言的比较，包括语义、语法、语音、语言风格及文学体裁的比较。

雅各布逊的研究领域十分广泛，这种多领域跨学科的研究使他在沟通欧美语言学的交流中起到了突出作用。其著作《语言学与诗学》入选100位哈佛大学教授推荐的最有影响的书。雅各布逊的语言功能理论给翻译研究提供了超越词汇、句子以外的语境模式，探讨了翻译中语言的意义等值、可译性和不可译性等翻译理论和实践中的根本问题。他对语言和翻译的新颖而全面的论述开启了20世纪翻译研究的语言学派的大门。

（4）纽马克的翻译理论

英国学者纽马克在奈达、卡特福德等人的翻译思想的启迪下，将跨文化交际理论和现代语言学的研究成果（如功能语法、符号学和交际理论等）运用到翻译研究中，形成了自己在许多翻译理论问题上独到的见解和认识。他提出了“交际翻译”和“语义翻译”的概念，还提出自己的一套文本功能及其分类。

在1981年发表的《翻译问题探索》中，纽马克提出的“语义翻译”和“交际翻译”两个重要的翻译策略成为西方翻译研究史上的重要里程碑。纽马克认为，语义翻译和交际翻译的区别是，后者产生的效果力求接近原文文本，前者则在目标语结构许可的情况下尽可能准确地再现原文意义和语境。但是，在翻译中具体采用哪一种翻译方法还要考虑到不同的文本类型，这样才能达到效果等值。语义翻译法和交际翻译法是纽马克翻译理论的核心，也是其翻译理论中最主要、最有特色的组成部分。1991年，针对原有理论中的不足，纽马克又提出了一个新的翻译概念，并于1994年将其正式定义为“关联翻译法”，即原作或译出语文本的语言越重要，就越要紧贴原文翻译。这标志着他的翻译理论渐趋系统和完善。

此外，他借鉴、修正和补充了雅各布逊的功能模式，将文本功能分为表情功能、信息功能、呼唤功能、审美功能、寒暄功能、元语言功能，使文本的功能分析更加系统和完备。在此基础上，他试图通过对源语和目的语系统的比较和描述来建立文本类型的样板。纽马克勤于著述，他的代表作有《翻译教程》《关于翻译》《翻译散论》等。

2. 功能学派

德国的功能翻译理论产生于20世纪70年代到80年代，当时结构主义语言学对德国译学界的影响越来越大，导致翻译成为语言学的附属品，严重制约了翻译这一学科的发展。理论与实践的严重脱节促使一些学者寻找新的途径，功能学派应运而生。

功能学派翻译理论认为，要想解决翻译研究中的所有问题，不能完全依靠纯语言学理论。因此，他们针对翻译语言学派中的薄弱环节，广泛借鉴交际理论、行为理论、信息论、语篇语言学，并接受美学的思想，将研究的视角从源语文本转向目标文本，成为当代德国翻译界影响最大、最活跃的学派。

功能学派翻译理论推翻了原文的权威地位，帮助译者摆脱了传统的对等、转换等语言学翻译方法的羁绊，转而运用功能和交际方法来分析、研究翻译，在翻译理论史上有着重要的意义。它的诞生标志着流行于20世纪50年代至70年代的结构主义语言学统治地位的结束。下面介绍功能学派中具有代表性的学者的翻译理论。

（1）莱斯的翻译理论

莱斯毕业于海德堡大学翻译学院，长期在高校从事翻译教学研究工作，是德国翻译功能学派早期重要的创建者之一，也是费米尔、曼塔里和诺德的老师。

莱斯早期的理论研究主要围绕对等概念展开。她认为，翻译追求的对等应该是语篇层面的对等，并非词、句的对等，所以主张将翻译策略和语言功能、语篇类型及文章体裁结合起来考察。但到了后期，在自身翻译实践的启发下，她认识到在翻译实践中不可能实现真正的对等，于是逐渐将研究的目光转向翻译的功能，并和弗米尔一起成为翻译研究功能论的倡导者。莱斯于1971年出版《翻译批评的可能性与限制》一书。在这本书中，莱斯首次把功能范畴引入翻译批评，将语言功能、语篇类型和翻译策略相联系，发展了以原文与译文功能关系为基础的翻译批评模式，从而提出了功能派理论思想的雏形。目前，翻译理论界普遍认为《翻译批评的可能性与限制》一书标志着功能学派的创立。

莱斯借鉴卡尔·比勒对语言功能的三分法，将语篇分为重内容文本、重形式文本和重感染文本三个类型。在安德鲁·切斯特曼的德文版本里，她将这三个类型分别称为信息文本、表情文本和感染文本。一些翻译理论书籍将这三个类型概括为信息型、表达型和操作型。莱斯认为，不同的文本类型决定不同的翻译方法。每一种语言功能都有一个相对应的语言层面，逻辑功能对应信息层面，审美功能对应表情层面，对话功能对应操作层面。能否传达原文的主导功能是评判译文的重要因素。另外，她认为目标文本的形态应该先由目标语境中所要求的功能和目的决定，功能随接受者的不同而改变。

莱斯的功能类型及其翻译方法超越了字、词、句的层面，力图再造适当的功能效果，以达到交际目的。除此之外，这种分类将文本概念、翻译类型、翻译目的联系在一起，强调任何一种翻译类型都是在特定环境中为特定的翻译目的服务。这些观点为功能翻译理论的形成奠定了坚实的理论基础，但是，莱斯的理论由于自身的局限性受到不少学者的质疑。比如，语言的功能是否只有三种，不同类型文本之间的界限是否如其所言那样分明，仅凭语篇类型来决定翻译的策略是否可行，等等。也就是说，莱斯对文本类型的划分只在译文要实现的功能和原文功能对等的时候才有意义。正因为如此，莱斯的功能对等论不被视为常规标准，而只被当作特殊标准。

（2）弗米尔的翻译理论

弗米尔长期从事翻译教学研究工作，是杰出的语言学家。他在莱斯的指导下研究语言学和翻译理论，突破了莱斯的理论局限，创立了目的论。

作为一名有长期翻译实践经验的译者，弗米尔认为翻译不但是语言符号的转换，而且是一项非言语行为。翻译符号的使用是为了达到一定目的，且会涉及不同的跨文化模式。因此，弗米尔在现代语言学（实用语言学、语言行为论、话语语言学）和美学的启发和影响下，在与莱斯合著的《普通翻译理论原理》一书中提出了以翻译“目的论”为主的基本理论。由于目的论影响深远，功能学派因此也被称为“目的学派”。目的论坚持三个原则：目的原则、连贯原则和忠实原则。

①目的原则将行为理论引入翻译理论中，认为翻译行为所要达到的目的决定了翻译所应采取的方法、策略。

②连贯原则具体指语篇内连贯，即译文必须符合逻辑，符合译入语的表达习惯，能够让译文读者理解，并在目的语文化以及使用译文的交际环境中有意义。

③忠实原则具体指语篇间连贯，即译文不违背原文，译文和原文存在某种联系，并不要求译文和原文在内容上一字不差。目的论所要求的忠实，其程度和形式是由译文的目的和译者对原文的理解来决定的。

在上述三个原则中，语篇间连贯从属于语篇内连贯，而二者同时受目的原则的统领。也就是说，当目的原则要求语篇间或者语篇内不连贯时，二者都将失去作用。目的论的出现标志着翻译的研究角度由以语言学和形式翻译理论为主转向更加倾向于功能化和社会、文化方向，因而成为功能主义翻译理论最核心的理论。

（3）曼塔里的翻译理论

曼塔里是德国籍翻译学者和翻译家，长期在荷兰工作。她借鉴冯·莱特的行为理论和里宾的功能语用学提出翻译行为论，进一步发展了功能派翻译理论。1984年发表的《翻译行为——理论与方法》一书集中体现了她的学术观点。曼塔里认为：“目的语的文本功能并不是从分析原文文本中自动获得的，而是通过跨文化交际的目的，从语用角度达到目的语文本的功能。”换句话说，译文功能与原文功能不同，根据语境做出“功能改变”是译者主体性的体现。功能改变不是例外，而是常态。

此外，曼塔里特别重视行为参与者（信息发出者、译者、译文使用者、信息接收者）和环境条件（时间、地点、媒介）。她对自己理论模式中参与者的角色做了这样的分析：信息发出者可以是需要翻译的公司或个人，委托人是译者的联系人。原文文本的生成者是创作原文文本的人，但不一定与翻译有关。目的语文本的生成者就是译者，而目的语文本的使用者是具体使用译文的个人。信息接收者是目的语最终的受众。从一开始，译者在翻译行为中扮演至关重要的角色，是跨语际转换的专家和任务的执行者。

（4）诺德的翻译理论

克里斯蒂安·诺德在学术思想上深受莱斯的文本类型学的影响。此外，她积极倡导弗米尔的目的论，认同曼塔里的翻译行为理论，是功能学派目的论的第二代代表性人物。她首次用英语全面、系统地介绍了功能学派的各种学术思想，并针对其不足提出了自己的观点。

诺德的研究领域主要涉及功能主义目的论的哲学基础、语篇分析及翻译类型等。她尤其关注译文接受者的研究、双语能力与译者培训、翻译培训的过程、忠诚原则、决定忠诚原则的因素、译者的责任与地位等方面的问题，代表作有《翻译中的文本分析》和《目的性行为——析功能翻译理论》。

"功能加忠诚"原则中的"功能"指的是"使译文对译语文化接受者起作用的目的"，而"忠诚"属道德范畴，关注翻译活动参与者之间的关系，强调的是"译者应当把翻译交际行为所有参与方的意图和期望都加以考虑"。诺德提出的功能加忠诚模式其实走的是折中路线。理论上貌似完美，可以自圆其说，但在实际运用中困难重重，再加上诺德使用的是语篇分析的模式，这导致她最终不能走出对等的局限。

（五）西方后殖民翻译理论研究

后殖民主义伴随20世纪60年代末欧洲殖民体系在全球范围的土崩瓦解和20世纪70年代初解构主义学派的蓬勃兴起而逐渐发展成一种多元文化批评理论。后殖民主义翻译理论超越语言的局限，主要关注翻译在殖民化过程中所涉及的权力运作机制，以及随之而来的一系列抵抗的历史等内容，是翻译理论与当代前沿文化理论相结合的产物之一，是西方翻译理论中不可或缺的一部分。后殖民翻译理论的主要代表人物有被称为"三巨子"的爱德华·赛义德、盖亚特里·斯皮瓦克和霍米·巴巴。"三巨子"虽然不是严格意义上的翻译理论家，但他们的文化观点给传统的翻译观念带来极大的冲击和全新的视角。要想摸清后殖民翻译理论的脉络，就无法跨越他们三人的理论观点。下面对他们的翻译理论进行具体介绍。

1. 赛义德的翻译理论

赛义德是巴勒斯坦裔美国文学批评家和文化学者，一般被认为是后殖民翻译思潮的最杰出代表和领军人物。他于1978年出版的富有挑战意味的专著《东方主义》带有强烈的意识形态和文化政治批判色彩，其批判的锋芒直指西方的帝国主义文化霸权和强权政治，是后殖民主义理论的奠基性著作。

赛义德指出，东方主义作为西方人对东方的一种根深蒂固的认识论体系，始终充当着西方殖民主义的意识形态支柱，从本质上来说是西方殖民主义者试图制约东方而制造出的一种政治教义。赛义德将研究的触角直接指向历来被西方主流学术界所忽视并且故意边缘化了的一个领地，即东方或第三世界，建构了一个供他批判和消解的对象，为跨学科的文化学术研究开辟了崭新的理论视野，对后来的所有后殖民主义翻译理论和实践产生了深远的启示作用。

《东方主义》一书的出版不仅奠定了赛义德本人的学术声誉和地位，也标志着他的后殖民理论体系建构的开始。赛义德的另一重要贡献是“理论的旅行”概念的提出。在1982年出版的《旅行中的理论》一书中，赛义德指出理论有时可以“旅行”到另一个时代和场景中，而理论在旅行的过程中往往会失去某些原有的力量和反叛性，必然会与彼时彼地的文化接受土壤和环境发生作用，进而产生新的意义，所以理论的变形是完全有可能发生的，导致这一后果的重要因素就是翻译。正因为如此，通过翻译而达到的文化再现使东方在西方人眼中始终扮演着一个“他者”的角色。赛义德以东方主义文化批判为核心的后殖民批评理论深刻批判了西方传统文化中的各种“中心论”，是当今后殖民翻译理论的重要源泉，在第三世界国家尤其是中国产生了巨大的共鸣和反响。

2. 斯皮瓦克的翻译理论

斯皮瓦克是当今世界首屈一指的文学理论家和文化批评家，也是继赛义德之后最有影响、最有争议、最杰出的后殖民理论批评家。斯皮瓦克的文化研究横跨多学科、多流派，既有解构主义、翻译理论、女性主义、马克思主义，又有比较文学、社会学、哲学、底层人研究等，主要著作有《论文字学》（翻译并写序言）和《另一个世界：文化政治文集》《底层人研究选集》《后殖民理性的批判走向行将消失的当下的历史》《后殖民批判家》《学科的死亡》《另一个亚洲》等。

解构主义的旗帜性人物保罗·德曼是斯皮瓦克的博士生导师，在他的指导下，斯皮瓦克深受德里达的解构主义的影响。斯皮瓦克本人的学术生涯就是从翻译德里达的《论文字学》开始的。虽然在《论文字学》的“译者前言”中，斯皮瓦克没有专门讨论传统意义上的翻译问题，但她从一种独特的文化理论阐释的角度解释并发挥了德里达的重要理论概念，如延异、差异、播撒、痕迹、踪迹、语音中心主义、逻各斯中心主义等。同时，这篇“译者前言”开启了人文科学著作翻译的一种新的可能性——阐释，即不拘泥于原作中具体的文字、段落甚至结构，而是从一个宏观的视角引领读者进入一部深奥的理论著作。时至今日，法文读者在遇到《论文字学》原著中难以理解的地方时，总能通过查阅斯皮瓦克的英译本找到答案，这是一般的理论著作翻译难以达到的高度。

斯皮瓦克的另一重要著作是《翻译的政治》，她在其中探讨了语言的修辞与逻辑之间的关系，指出“每一种语言的修辞性都会对语言的逻辑系统造成一定的破坏”，因此译者在翻译中不应该压抑语言的思路，而应该理解、认可语言的修辞性。同时，她强调翻译不仅是简单的传递意义，还充满了政治和意识形态等文化批判意义的伦理政治问题。斯皮瓦克的理论把翻译紧紧与意识形态、种族、修辞性、差异性、距离感等因素联系起来，将翻译研究带入后殖民的“文化翻译”场景，为整个西方翻译界提供了全新的界定与洞见。

3. 巴巴的翻译理论

巴巴的主要研究领域是后殖民理论和20世纪批评理论，代表作有《民族与叙事》《文化的定位》《大都会主义》《爱德华·赛义德：话题的继续》，主要论文有《奈保尔》《制造差异：文化战争的遗产》《塑造范农》。巴巴的后殖民术语“第三空间”“混杂性”“言说的现在”是后殖民理论中不可或缺的概念，其《民族与叙事》和《文化的定位》是西方后殖民研究的必读书目，在学术界影响很大。

巴巴将民族建构与话语叙述理论融为一体，并将其运用于文化翻译实践，从而创造性地发展了具有解构性的后殖民文化研究和翻译理论研究。他的混杂性理论影响了全球性后殖民语境下的民族和文化身份研究，他提出的模拟概念证明了模拟作为一种模棱两可的话语具有颠覆性。他的文化翻译理论强调语境的特殊性、历史的差异性和少数族裔的立场，极大地挑战了西方文化霸权的优越性。

总之，巴巴全方位地探讨了翻译问题与后殖民文化及民族之间的关系，高屋建瓴地分析了文化翻译的特征，他对后殖民翻译理论的贡献是不言而喻的。

（四）西方女性主义翻译理论研究

始于20世纪60年代的西方第二次妇女运动高潮促使女性主义者将视野投向文本。她们以解构主义的理论为武器，希望通过解构传统的男性中心主义话语，建立全新的男女平等关系。20世纪80年代，翻译研究开始了轰轰烈烈的“文化转向”大潮，许多传统观念都受到挑战或解构，被压抑已久的各种力量纷纷揭竿而起，以期能重塑自己的文化身份。在这样的大背景下，形成了女性主义翻译理论。

女性主义翻译理论探讨了女性主义与翻译的历史渊源以及女性主义对翻译的影响及作用，颠覆了传统译论中原文与译文的主仆关系，瓦解了传统译论关于译文要忠实于原文的观点，给翻译研究带来了全新的启迪。女性主义翻译理论的主要代表人物有雪莉·西蒙、钱伯伦、冯·弗罗托等。

1. 西蒙的翻译理论

西蒙是著名翻译理论家、文化专家，是当代女性主义翻译理论最有影响力的声音。

《翻译的性别：文化认同和政治交流》主要探讨作为政治与文学运动的女性主义对翻译理论和实践的影响，是西蒙重要的译学理论专著之一，是西方第一本全面论述女性主义视角下的翻译问题的学术性专著，也是女性主义翻译理念最广为传播的著作。

西蒙摒弃了传统的翻译理念，认为翻译不是简单机械的语言转换，而是无限的文本链与话语链中意义的不断延伸。此外，西蒙从建构主义的观点出发，指出翻译的衍生性和女性的从属性、在历史上的低下地位都是一种建构性别，像其他文化身份一样，是身份与经验的构成因素，是由社会意识和话语建构的。西蒙通过系统考察西方尤其是加拿大女性作家和女性译者的话语实践，为女性主义翻译理论奠定了坚实的基础。

2. 钱伯伦的翻译理论

钱伯伦是美国翻译家和女性主义翻译理论家，曾在《当代文学》《国际小说》《符号》发表过论文。其发表于《符号》的文章《性别和翻译的隐喻》是女性翻译研究的经典代表作。在《性别和翻译的隐喻》中，钱伯伦通过梳理西方翻译史上 17 世纪到 20 世纪关于翻译的性别化隐喻，深入探究这些隐喻中所隐含的性别政治。钱伯伦指出：“尽管我们所看到的翻译的隐喻试图给翻译的次等地位披上一件阳性语言的外衣，但是西方文化极力强化这种次等地位，坚持赋予翻译女性化的地位。”因此，对长期流传于西方的男女之间的等级关系、文本的等级关系以及这种带歧视性的隐喻必须予以消解。这样，我们才能真正理解翻译，承认女性的平等地位。

钱伯伦通过后结构主义理论的运用，解构了原文和译文、男性和女性的边界，提高了女性译者的政治文化地位和女性译者的主体地位，对翻译理论界产生了巨大的影响。

3. 弗罗托的翻译理论

弗罗托是加拿大著名的女性主义翻译理论家，她的性别研究渗透到了学术研究与文艺翻译的各个方面。她对女性文化的深入研究深刻地影响了她的翻译实践、翻译理论与翻译批评观点，使翻译成为探索性别与文化相互作用的重要领域。

弗罗托在翻译研究领域的探索可谓硕果累累，1997 年出版的翻译理论专著《翻译与性别》是继西蒙《翻译中的性别》之后女性主义视角下的又一力作，该书将翻译置于女权运动及这场运动对“父权”语言的批判背景中，聚焦翻译对父权社会中作品的重现，阐述了女性实验性作品的翻译实践。弗罗托的女性主义翻译理论充分吸收了当代各种理论思潮，并以此来建构自己的译论。同时，她采用实证的研究方法，从北美女性作家着手收集了大量素材，从翻译技术角度进行微观分析。弗罗托认真分析了女性主义翻译理论存在的问题和面临的挑战，并清醒地认识到女性主义只是为女性翻译提供一个起点，性别的语言在不同语境中可能有不同的含义，因此需要采用不同的、动态的翻译策略来翻译女性的语言和文化，弗罗托的研究对西方整个女性主义翻译理论和实践产生了极其深远的影响。

第四节　翻译基本问题的阐述

一、直译与意译

直译与意译一直是一个翻译界争论不休的问题。在有些情况下，直译和意译不构成翻译问题。比如，“I like the movie.”译成“我喜欢这个电影”就没有直译和意译之争，因为直译和意译完全是一回事。但由于英汉语言间差异非常大，译者往往会面临两种选择，即一个句子可以直译，也可以意译。在这种情况下，到底采取直译法还是意译法就会引起人们的争论。当然，不同的人在用这两个概念时所指可能会十分不同，有些人认为逐字翻译为直译，但大部分人认为直译并不一定要到“逐字”翻译的地步。一般来说，比较遵照原文语言结构的译法就是直译，而脱离原文语言结构的束缚，只译意思的译法可称为意译。逐字翻译、直译、意译和解释翻译之间并没有十分清楚的界限，但用直译和意译这两个概念来讨论翻译还是很有用的。比如，下面这句话既可直译也可意译："The Negro lives on a lonely island of poverty in the midst of a vast ocean of material prosperity."。有人译成"黑人依然生活在物质富裕的汪洋大海中贫穷的孤岛上"。这是比较接近原文的直译法，用了和原文相同的形象，如"物质富裕的汪洋大海"，其优点是保留了原作者的比喻。但恰恰是由于不肯割舍比喻，结果在可读性方面就差了些，不但行文比较别扭，而且"汪洋大海"这个常有负面含义的比喻和"物质富裕"放在一起也显得很不协调。这时，多一点意译成分就可避免直译的弊端，如"黑人仍生活在贫困的孤岛上，尽管放眼四周是一片繁华景象"。这个译法增加了可读性，其不足之处是没有反映出原文的比喻。又如，"The Negro is still languishing in the corners of American society and finds himself an exile in his own land."。这句话有人译成"黑人依然在美国社会的角落中饱受痛苦，并发现自己是自己国土上的流亡者"。这是比较贴近原文的直译法，特别是后半句照搬了原文的语言结构，结果可读性自然就差些。增加意译成分可提高可读性，如"黑人仍然在美国社会的角落里过着痛苦的生活，美国虽是他们的家园，他们却感到流落异乡"。译者做了语境的解读，因此翻译时就有了更大的自由度。再如，"But if you look back at the sweep of history, it's striking how fleeting supremacy is, particularly for individual cities.",可译成"然而，若我们对历史稍做回顾，便会惊觉尘世的霸权地位是多么变动无常，尤其是一座座城市"，但这种比较直的译法在可读性上并不得分。意译可以使意思更清楚，并增加可读性，如"然而，你若纵观历史，便会惊觉鼎盛繁华转瞬即逝，城市的兴衰更是弹指间的事"。但是意译并不等于肆意改动、添油加醋，如下面的译文就有过度诠释之嫌："回首风云变幻的人类历史，你会感到任何辉煌的事物都如昙花一般转瞬即逝，特别是城市更容易被历史湮没。"译文中的"风云变幻""昙花一般""被历史湮没"都是不当的添加，虽然并非完全是言外之意，但放在句中反而繁复累赘，失去了译文的简洁。

直译的缺点显而易见，它常使译文读起来吃力，所以大多数人都主张不把直译作为翻译的主要手段，只是在一些特殊的文本中酌情使用。但也有人给予直译更高的地位，如翻译理论家纽马克就认为自己颇认同直译这个概念。他的观点是基于自身在印欧语言之间的翻译实践，并不一定适用于英汉翻译。在英汉翻译领域，尽管直译应该有其一席之地，但广为大众接受的译文中很少是以直译为主要手段的。

意译虽然被大多数译者采用，但有时也会带来一些问题。意译超出了限度就会扭曲原文的意思，把原文没有的意思加到译文中。一般来说，如果原文的意义不是通过语言形式表达的，那么意译就不会丧失原文意义。如果原文的意义有一部分是通过语言形式本身表达的，则意译往往会抹掉那些由形式附带的意义。上述说法在理论上是正确的，但在英汉翻译实践中可能行不通，如有些文学作品中的意义是通过语言手段表达的，本该用直译法表达才可反映出语言形式所承载的意义。但是英汉语言差别很大，照原文搬过来的译法在印欧语言间也许可以接受，在英汉翻译时，汉语不能接受这类表达法。因此，有些中国学者主张在翻译文学作品时多用意译。刘宓庆将诗歌之类的文学作品放到不求字面对应，但求保证可读性一类，认为有时必须完全意译方能达意。这种主张与西方理论家们将文学作品列入表情类，应采用直译的理论似略有不同。其实，文学作品也不能一概而论，有些作品适合多用直译，有些则适合多用意译，要因文本而定。

英汉翻译中有些句子显然应该用直译，有些则只能用意译，对这些显而易见的情况，译界往往没有争议，直译和意译确实常常交替使用，相互可以取长补短。翻译实践中还常会遇到一些既可直译也可意译的情况，这时到底取直译，还是取意译就会成为一个问题。比如，“A man may usually be known by the books he reads as well as by the company he keeps； for there is a companionship of books as well as of men.”，这句话有人采用比较直接的译法译成“人们往往可以从一个人所交往的朋友以及所阅读的书去猜他的为人。这是因为人与人之间有友谊，同样，人与书之间也有书谊”。但有的译法意译成分更多，如“所谓欲知其人，先观其友，看一个人读什么书也能了解一个人，因人不仅能与人为友，还能与书为友”。上面两句虽然都有些值得进一步推敲的地方，但都是中文读者可以接受的。这就引出了一个问题，如果两种方法都可以，到底用哪一种？回答这个问题必须从更大的范围着手，孤立地谈直译和意译实际上没有多大价值。一个句子到底应直译还是意译，往往要考虑到文本、读者甚至翻译目的等因素，没有一个一成不变的定理。北京大学辜正坤教授在讨论文学翻译时，对直译和意译有一段十分精彩的论述，概括得很全面：“直译、意译各有千秋，译者依据功能、审美、读者层三要素，宜直译就直译，宜意译就意译，能神游于规矩之内，亦能神游于规矩之外，能循规蹈矩，亦能叛道离经，方称得上翻译的行家里手。”

但有一点应该牢记，当今英汉翻译活动的主体并非文学翻译。在经济、科学、新闻、政论等文本中，语言形式不是关键的因素，译文就应尽量保持译入语的特色。在英汉翻译中发挥中文的优势始终是译者要努力的方向。这一点在当今全球化的大背景下尤为重要。因此，假如直译法有悖汉语行文习惯，造成翻译腔，译者就应该采用意译法。换句话说，在大多数情况下，略偏重意译仍然是应该提倡的。不过，对于较正式的文本，如政治、经济、法律方面的文件等，不过度偏离原文的译法仍然会被频繁使用。

二、功能对等与形式对应

这一对概念实际上早有人提出，由奈达加以完善，成为翻译理论研究中一对很重要的概念。所谓功能对等，是指译文要在语言的功能上和原文对等，而不是在语言的形式上和原文对应。形式的对应是机械的，表面上看和原文一样，但由于语言系统不同，相同的语言形式并不一定能起到相同的效果。比如，“He is the last person I will ask for help.”可以译成“他是我会要求帮助的最后一个人”，以求形式上与原文对应，但本句的实际意思是“我是不会求他的”。后面的译法在语言形式上完全和原文不同，却在语言的功能上和原句对等。又如，美国的中学生常会和家长说：“Tomorrow is a minimum day，could you pick me up at noon ?”其中，“minimum day”如果译成“最小日”，确实保留了原文语言的形式，但谁都看不懂是什么意思。所以，译者应求得本句在汉语中功能的对等，而放弃形式对应，可译为:“明天只上半天课，提前放学，能在中午就来接我吗？”

根据奈达的理论，功能对等是以读者的心理反应为基础的，也就是说，原文读者读原文的心理反应和译文读者读译文的心理反应相似。功能对等理论有很多优点，最主要的是有利于信息的交流。用功能对等法译出的句子符合译入语行文的习惯，没有翻译腔，一看就懂，但反对功能对等的人则说，功能对等太灵活，会漏掉或歪曲原文中的信息。

三、形式与内容

形式和内容之争是文学批评领域的主要焦点，在跨语言交流中显得更加突出。大部分情况下，原文语言形式不是译者要传译的，英汉两种语言在语言形式上截然不同，所以在翻译上不必去反映原文的形式，只要将原文的内容译出来就可以。但作家的艺术特征是由语言形式来反映的，因此形式就变得很重要了。这种情况下，有必要在反映内容的同时照顾到语言的形式。

我们有必要记住，过于强调形式的译法往往会使译文缺乏可读性。所以，尽管在个别情况下有必要在译文中反映原文中有特殊意义的形式，但翻译过程中总的策略应该是偏重内容的。

四、源语与译入语

前面几对概念主要和言语行为有关。源语和译入语这对概念则还涉及语言体系。有人主张译文应靠近原文，因为语言反映文化，原文中的语言特色即使不是作者风格的体现，也有必要在译文中表现出来，因为原文的语言特色反映了原文所在文化的特色，译者有必要将这种特色介绍过来。他们还认为，过多地为读者着想会“宠”坏读者，应该相信译文读者有解读原文语言形式的能力，靠近原文的译法能够把读者拉到源语中，使读者能“身临其境”地欣赏外国作品，是文化交流的重要内容。

这种说法实际上是让翻译承受过多的责任。语言形式不应该拿来当作文化介绍的工具。除了为某一特殊目的，如用靠近源语的译法翻译以反映原文表达的文化特点，以供学术研究所用，大多数情况下，译者翻译的任务还是以传达信息为主。介绍源语文化不应该以牺牲译入语表达习惯为代价，因为靠近源语的译法总是会生成很多不符合译入语习惯的句子，如果真正想通过语言了解外国文化，那就有必要鼓励读者学外语、读原文，因此翻译的基本方法应该主要是向译入语靠拢，尽量发挥译入语的优势。

五、原作者与读者的中心问题

这对概念从不同的角度来讨论上面谈到的相同的问题。如果译文以原作者为中心，则可能反映出原文的一些行文特色；如果译文以读者为中心，则可能发挥译入语的优势。原则上讲，译文不应以原作者为中心，但这也要看原作者是否重要。一个会议记录的作者和一个获奖文学作品的作者就不能说同样重要。大部分文本的作者都应该“隐藏”在文本背后，不应该在文本中显露出来。一篇电脑软件使用说明、一个法律条文、一则食品广告等都不会呈现原作者的“影子”，也就是说，读完这些文本后，读者看不出作者为何人。但有些文本则可能“文如其人”，一读作品，读者马上就会感到与众不同，遣词造句、布局谋篇都有原作者留下的痕迹。因此，一般认为，如果“文如其人”，译者除了翻译原文的内容外，也有必要使译文能“文如其人”。大部分西方翻译家都认为在译文中保留原文的语言形式是使译文“文如其人”的方法。但也有人认为，相对等的语言形式在译文中不一定起到同样的效果，他们主张用符合译入语的相似的语言形式来达到“文如其人”的效果。如果这样做不到，也就只好把它归入翻译的不可译性。笔者并不绝对排除有时以原作者为中心会是译者所应采取的方法，但这种译法所占的比例是相当小的。翻译的总原则是以读者为中心的，这一点在英汉翻译中尤为突出。

六、原作者写作与译者翻译的联系

人们动笔写作一般都有目的，无论是原作者还是译者都是为了某一目的而动笔的。在大多数情况下，原作者的目的和译者的目的基本一致。用英文写一个电脑操作过程的人是为了让顾客了解如何操作电脑，翻译这个操作过程的译者也是为了让不懂原文的顾客了解如何操作电脑，所以原作者和译者的目的相同，都是要将信息准确地传达给读者。一则服装广告的作者希望用广告影响顾客的行为，让其看了广告后会花钱买产品。一个译者翻译同一则广告也是为了影响顾客，促进消费。一份经济合同的作者希望合同能成为某项经济活动的基础，翻译这个合同的人也希望不懂原文的人能看懂原文的内容，以便使合同中的经济活动可以展开。一则交通广告的作者希望用广告将有关交通的信息告诉大众，同一则广告的译者也有相同的目的。因此，大部分翻译工作的目的和原文写作的目的相同，这些文本有一个特性，即都是为一个非常实用的目的而写的。但不是所有翻译的目的都和原作目的相同。诗人写一首诗可能是为了表达自己的情感。译者将诗直译成中文，以便进行英汉语言对比，译者的目的就和原作者不一样。例如，戴高乐在第二次世界大战时的一些讲话有鼓舞士气的目的，半个世纪后，戴高乐的讲话已成历史文件，翻译后的这些讲话就不是戴高乐原来的目的。

这就引出不同目的、不同读者和不同译文的问题。由于译者的目的和服务对象会与原文的目的和对象不同，所以同一个原文有几个不同的译文是完全正常的。《圣经》写作的目的是将上帝的话传给世人，但写作时用的语言不是以儿童为对象的，而有人将《圣经》译成儿童语言，虽然读者对象不同，但目的依然如故。为了适合不同读者群，用不同的文体来翻译同一原文应该得到允许。一首英文诗可以译成五言诗，供喜爱唐诗的人欣赏；也可以译成词曲，供喜爱词曲的人欣赏；更可以译成现代诗，供喜欢白话诗的人欣赏。译者服务对象不同、目的不同，译文也可以迥异。

也有人不同意上面的看法，认为原作只有一个，译文也应该是一个，不应该千面千腔，最终在译文中找不到原作的影子。然而，翻译毕竟有其局限性，很多文化内涵强的作品一旦完成，就很难恢复其原貌，因为时过境迁，作品依旧，但作品存在的环境变化了。因此，翻译文化内涵强的作品从来都有侧重，因为译者服务的对象不同，翻译的目的也不同。

分析了这几对概念之后，我们对“原文的意思在译文中表达出来”就有了理性的认识。这些概念从不同的角度切入，讨论翻译的核心问题。虽然角度不同，但都落实到同一个焦点上，即如何将原文的意思在译文中表达出来。了解了这些基本概念后，我们就会更清楚地认识那些五花八门的翻译标准和原则。这些标准和原则是不同的人从不同的角度，在不同的时空里，对同一问题的解决之道。

第二章　文化与跨文化交际

第一节　文化的内涵与渊源

一、文化的定义

culture 一词来源于拉丁文 cultura，原指耕作、培育、栽培，之后逐渐演变为人的素质和能力的培养与教化。近代，最先将 culture 一词翻译成“文化”的是日本人。因此，有人猜想，汉语中的“文化”一词其实并非中国古籍中所说的与武功相对而言的含义，而是借用日语中对英文单词 culture 的意译文。然而，这一说法目前尚未被证实。

有学者认为，文化是“艺术或其他人类共同的智慧结晶”。该定义是从智力产物的角度阐释文化内涵的，即深度文化，如文学、艺术、政治等。

也有学者指出：“人类文化是通过社会传导的行为方式、艺术、信仰、风俗以及人类工作和思想的所有其他产物的整体。”该定义拓宽了文化的包含范围，既包括深层次文化，又包括浅层次文化，如风俗、传统、行为、习惯等。此外，英国人类学家爱德华·泰勒在《原始文化》中指出：“文化是一个复杂的综合体，包括知识、艺术、宗教、神话、法律、风俗，以及人类在社会活动里所得一切的能力与习惯。”很多学者认为，这一定义忽略了文化在物质方面的要素。也有一些学者认为，虽然泰勒的定义中没有专门体现物质文化，但实际上他在《原始文化》中使用了大量物质文化的例子来解释他的理论观点。

美国学者阿尔弗雷德·路易斯·克鲁伯与克莱德·克拉克洪在两人合著的《文化：关于概念和定义的评述》中总结出了 164 条文化的定义。他们在总结了这些定义的基础上，也提出了自己对文化的定义：文化存在于各种内隐和外显的模式之中，借助符号的运用得以学习和传播，并构成人类群体的特殊成就，这些成就包括他们制造物品的各种具体式样。文化的基本要素是传统思想观念和价值，其中尤以价值最为重要。该定义几乎涵盖了人类生活的各个方面。文化能够指导人们对待其他事物的态度和行为，以至于克莱德·克拉克洪认为文化是人们行为的蓝图。

在中国，古老的甲骨文中就已经出现了“文化”一词的含义。当时的“文”的原意是花纹或纹理，如《礼记·乐记》中记载的“五色成文而不乱”，之后它的含义逐渐演变为包括语言文字在内的各种象征符号，并且逐步具象化，包含文物典籍、礼乐制度、文采装饰、人文修养等内容；“化”本义是指生成、造化，如《易·系辞下》的记载“男女构精，万物化生”，继而引申为变化、教化之义。“文”“化”两字最早同时出现于战国末期的《易·贲卦·象传》：“关乎天文，以察时变；观乎人文，以化成天下。”翻译为现代汉语是指“治国者应该积极观察、洞悉并顺应大自然最根本的运行规律，来了解并正确运用时节运转中产生的必然变化的原理；研究人性变化发展的必然规律，施加意识教化的作用来统治管理天下”。《辞源》中对“文化”的释义为“文治和教化”。例如，西汉经学家、目录学家、文学家刘向《说苑·指武》中记载：“圣人之治天下也，先文德而后武力。凡武之兴，为不服也，文化不改，然后加诛。”意思是，明君治理天下，都会优先重视思想精神层面的教育，后考虑武力干涉。不愿臣服的地方，都要动用武力进行干预，思想教化没有改观的地方，要实行诛杀策略来彻底根除统治隐患。再如，晋代束广微的《补亡诗·由仪》中记载：“文化内辑，武功外悠。”唐代李善注：“言以文化辑和于内，用武德加于外远也。”

《现代汉语词典》（第7版）指出：“文化指人类在社会历史发展过程中所创造的物质财富和精神财富的总和。”

广义文化就是所谓的“大文化”，它更注重区分人类活动与自然界的核心本质，包含着人类有意识地作用于自然界和人类社会的一切活动及产生的结果。也可以说，文化就是“人造自然”，是人类通过发挥自身主观能动性，把自己的智慧、创造性、感情等人类因素作用于自然界，从而将自然转化为人类所能认知、理解和在一定程度上进行掌控的可利用对象。人造自然的出现意味着人类已经进入尝试凌驾于向然之上，并超越自然、改造自然的历史阶段。所以，文化可以被看作人类的一种特有的生活方式和行为习惯。也可以说，人类社会的一切活动在本质上都是具有文化的属性的。概括而言，文化就是人类在社会活动中认识自然、改造自然并利用自然，进而实现自身价值观念的一切物质和精神的积累。例如，文学、艺术、科学、生活方式、饮食习惯、建筑工艺、卫生管理、娱乐方式、婚姻形式、亲属关系、家庭财产分配、劳动管理、生产、道德、风俗习惯、宗教、法律、政治、警察、军队、行为举止、交际礼仪、思维方式、审美情趣、价值观念等。而与此相对，狭义文化的范围明显缩小，它是专指人类活动中在精神方面进行的创造过程和产生的相应成果，例如，道德、风俗和礼仪等。

二、文化的特点

概括来说，文化的特征主要有六种：民族性、符号性、兼容性、整合性、传承性和宗教性。

（一）民族性

就文化的产生和存在来说，文化原本就是民族的。因为人类的文化总体上来看就是由各民族文化共同构成的，从不同民族的角度出发来分析文化，其自然就具有民族性。民族是一种社会共同体，越是古老的社会，其文化的民族性就越明显。斯大林认为，“一个民族，一定要有共同的地域、共同的经济、共同的语言及表现共同心理的共同文化”。这里的“共同地域、共同经济、共同语言、共同心理”均属于重要的文化元素。每一个民族都有能够体现本民族特色的文化。例如，维吾尔族能歌善舞、蒙古族善骑马射箭等。中华民族是以汉民族为主体的多民族共同体，共同的文化正是使 56 个民族统一为一个民族——中华民族的原因。

众所周知，民族区域生态环境的不同造成了文化积累以及传播方式的不同，这也在一定程度上影响了社会和经济的发展，从而形成了民族文化鲜明的“特异性”。这里以犹太民族和希腊民族为例，这两个民族对宗教的态度存在较大差异。犹太民族认为，上帝支配着宇宙万物和人类社会，尽管人类的智慧是无穷无尽的，但也无法摆脱神的威力。在犹太人心中，上帝是终极的原因和万能的神，这种思想从一开始就占据了犹太人的内心世界，进而慢慢演变成一种根深蒂固的文化心理。与此相反，希腊民族在人与神的关系这一问题上追求着一种理想与现实的统一，即人与神的和谐统一，这与中国道家“天地与我并生，万物与我为一”的思想如出一辙。若将犹太民族的《圣经》与希腊民族的神话进行比较，将很容易发现犹太民族唯上帝旨意是从，绝不会有丝毫的怀疑与违背；相反，希腊人具有现世的享乐精神，他们认为人的爱就是神的爱，人的精神就是神的精神。这就导致了犹太人孤独、执着而希腊人活泼、开放的个性特征。

（二）符号性

文化不是与生俱来的，而是在人们不断地习得与传授中积累下来的。以语言为例，语言是文化的构成要素之一，语言的符号性特征最为明显。语言中不同的语音、形态等要素体现了符号的任意性特征。

人本身就是一种“符号的动物”，符号化的思维和符号化的行为是人类生活中最富有代表性的特征。人类创造了文化世界，更为自己创造了一个“符号的宇宙”。在文化创造中，人类不断把对世界的认识、对事物和现象的意义及价值的理解转化为一定的具体可感的形式或行为方式，从而使这些特定的形式或行为方式产生一定的象征意义，构成文化符号，成为人们生活中必须遵循的习俗或法则。人们既创造了这些习俗和法则，又必须自觉受这些习俗和法则的制约。人类创造的文化符号可以大体分为两类：语言符号和非言语符号。

1. 语言符号

语言符号包括口语和书面语。文化传承的口语传递是通过一代又一代人的亲身实践或口口相传（年轻一代通过交际和学习来继承老一辈的文化传统）来实现的。至于书面语言的文化传递，世界上几乎所有的国家或民族的文化传统都以书面语的形式记录在竹简、羊皮纸或纸张上，由于这些介质易于存放，可以长时间保存，因此今天人们才得以借助浩如烟海的历史文献或书籍来了解并学习本国以及其他国家多彩多姿的文化。

2. 非语言符号

非语言符号是指语言以外的各种信息传达形式，如面部表情、手势、身体动作等，它们都具有特定的文化内涵。而从广义上来说，诸如雕塑、绘画、照片等一些物化的文化载体，以及戏剧、电影等也都属于非语言符号，因为它们都以某种方式体现着某种文化内涵。例如，北京的故宫除了众多具有典型中国古代建筑风格和特色的古建筑以外，还存有我国历史上许多朝代的帝王留下的大量的文化古迹以及包括珠宝、字画、服饰等在内的大量的文物古董，它们既是中华民族的宝贵财富，也是代代相传的物化的中华文化。

（三）兼容性

任何文化都具有兼容性，这是文化得以生存发展的内驱力。按照文化兼容的程度，可以将文化分为开放式文化和封闭式文化。这里的“开放”与“封闭”是相对而言的，因为根本就没有完全开放的文化，也没有完全封闭的文化。

人们常常这样形容这两种文化：完全开放的文化就像一滴只看到浩瀚大海的雨水，因为忽略了其自身的文化个性，消除了文化间的良性差异，就会逐渐消融在其他文化之中；完全封闭的文化则像一口井中的水，因为缺乏与其他优秀文化的交流而失去发展更新的源泉，最终只会慢慢枯竭。文化因为兼容而发展，因为兼容而繁荣。

（四）整合性

吴为善和严慧仙认为，文化是一个群体行为规则的集合体，可以被理想化地推定可能出现在某一社会或群体的所有成员的行为之中而由群体历史所衍生及选择的传统观念，特别是世界观、价值观念等文化的核心成分，常被称作“民族性格”“文化实体”。可见，文化是一定区域内的一定文化群体为满足生存需要而创造的一整套生活、行为、思想的模式，是一个由多方面要素综合而成的复杂整体。

所谓文化的整合性，是指一种文化得以自我完善和形成独特面貌的动力，它在保证文化随时间变迁的同时，可以在一定程度上维持文化的稳定秩序。例如，在中国延续了2000多年的传统文化中，建立在血缘基础上的宗法意识形态，融自然哲学、政治哲学和伦理哲学为一体的“天人合一”世界观，以“经国济世”为目的的实用理性等精神元素，这些作为中国文化的“内核”，始终在中国文化传统的形成中发挥着“整合”作用。同时，其他组成要素互相融合、互相补充、互相渗透，共同发挥着塑造中国的民族特征和民族精神的功能。经过这种整合而形成的中国文化是一个完全不同于欧美文化的独特模式。

由于不同文化具有不同的文化“内核”，其也会导致在认知模式、价值观念、生活形态上的差异，这些差异在交际过程中也必然会形成文化的碰撞，而跨文化交际中的误会、冲突也正源于此。如果交际双方均不能理解对方的文化，那么将会产生与交际预期的巨大反差，产生令人不满意的交际结果。

（五）传承性

文化既是可习得的，又是可以传承的。文化可以从一个承担者向另一个承担者转化，也可以由上一代人传承到下一代，不断发展。布瑞斯林认为，如果某些价值观已存续多年并被认为是社会的核心理念，这些价值观必定会代代相传下去。

文化的传承性使文化变得可积累。在没有文字的社会，人们主要借助口头形式把自己的经验、知识、信仰、观念传给下一代。后来，主要通过文字形式相传下去。由于文化的传承，任何一个社会的文化都包含了历史的积淀。例如，各个国家都有自己的节日、喜庆日，中国在这样的日子里挂红灯就是中华民族数千年来传统文化延续的表现。再如，中国青年逐渐接受了西方新娘穿白色婚纱礼服的习俗，因为白色代表着美丽和圣洁。此外，中国历史上有科举取士的制度，如今人们保留了通过考试选拔人才的形式，而扬弃了旧八股文的考试内容，代之以现代科学知识来检测人们掌握知识的程度。

（六）宗教性

在人类的发展史上，宗教与政体长期共生共存，两者有时互相利用，有时则政教合一。宗教对政治具有不可忽视的影响，因而对文化也产生了重要影响。物质文化、制度文化、行为文化、心态文化等各种类型的文化都与宗教有着密不可分的联系。例如，建筑、服饰、饮食等物质文化由于受到不同宗教的影响而具有明显不同的风格。宗教对人们的思维、信仰、意识形态有极大的影响力。

三、中西方文化的渊源

（一）中国文化的渊源

中国的传统文化根植于农村，发祥于黄河流域的农业大地。中华民族享受着大自然的恩赐，人们可以在其固定居住地附近从事相关的农耕活动，在历史的不断变迁中最终形成了以农耕为特色的文化风俗体系。中国的农耕文化集合了儒家文化和其他宗教文化，有其独特的文化内容，主要包括语言艺术、思想哲学、社会风俗、利益规范等。

中国传统的三大教派包括儒教、佛教、道教，它们对中国文化的形成与发展产生了巨大影响，是中国文化的主要渊源。

总的来说，中国文化在发展中形成了独具特色的价值观，表现为以“仁爱、礼谦、顺从”为核心的道德价值体系，其特点可以总结如下。

一是天人合一，顺天应物。中国文化提倡人与自然是一个和谐存在的整体，且自然界中存在的很多不能解释的现象均是天意，人凡事都应顺从天意。

二是贵和尚中。中国人倡导“君子和而不同”的理念，追求中庸之道的处世原则和策略。

三是家族伦理本位。中国人的家族意识很强，维护整个家族的利益是每个家族个体应追求的目标，同时家族个体也应受制于家族制度和规约。

在中国，人们特别看重言论的力量，提倡在交际中运用含蓄、隐讳的表达方式，这也是中国人文文化的一大特色。此外，人们还特别关注权威人士的言论与看法，经常引经据典、旁征博引。

（二）西方文化的渊源

西方文化属于科学文化，其特点是“重物质，轻人伦；价值取向以功利为本位；重分析，轻综合；重概念，忌笼统；强调人权，主张个人至上，重视特殊的辨识；强调人与自然的对立，人对自然的索取”。

西方文化源于两希文化，即希伯来文化与希腊罗马文化，同时基督文化也对西方人的道德观念和价值取向产生了较大影响。

1. 希伯来文化

5000 多年前，希伯来民族居住在阿拉伯半岛，人们以牧牛和牧羊为生。随后，希伯来人北迁，到达两河流域，并逐渐发展了苏美尔文化和古巴比伦文化。大概过了 1000 年以后，希伯来人逐渐离开了两河流域，向北或向西迁移和发展。“希伯来”的字面意思是“从大河那边来的人”。希伯来人在长期的游牧生活中形成了较强的感知世界的能力。他们善于将事物与其功能联系在一起，所以希伯来文化可以用“实用、公正、道德”来概括。

2. 希腊罗马文化

欧洲大陆的文化起源于古希腊罗马时期。古希腊位于欧洲大陆的东南部，古罗马位于南部，由于平原较少，多山少河，不适合农业的发展，这就使当地人不得不向外开拓经济，发展工商业和海上贸易。在古代，海上贸易面临的最大的一个难题就是安全，人们不得不冒很大的风险从事贸易活动，这种不利的地理因素造就了西方人勇于探险、喜欢尝试新鲜事物、善于创新的性格特点。可以说，古希腊人的这种以海商为主的生存方式使他们形成了“平等”“民主”和崇尚个人主义的思想意识。古希腊文学、哲学、艺术等都表现了古希腊人对宇宙、自然与人生的理解与思考，随着希腊文明的逐渐衰落，罗马文化在继承希腊文明的基础上得以发展。

第二节　跨文化交际与翻译

一、文化与交际的关系

交际与文化二者是统一的。可以说，文化是冻结了的交际，交际是流动着的文化。具体来说，文化与交际的关系如下。

一是交际受制于文化，文化影响着交际。交际行为是文化行为和社会行为，受到社会文化中世界观、价值观等文化核心成分的影响和制约。交际行为的译码活动也受制于文化的特定规则或规范。交际双方共享一套社会期望、社会规范或行为准则时，才利于其交际的顺利进行。

二是交际隶属于文化，并且是文化的传承媒介和编码系统。从社会学角度看，人们习得交际的能力是通过交际完成社会化的过程。有了交际，人们的活动、文化才能得到存储和传承。

三是交际在影响文化的过程中丰富着文化，二者相互依存、相互促进。另外，交际也给文化注入了新的活力。

四是文化的差异性会使跨文化交际过程中的意义赋予变得更加复杂，导致编码人传递的信息和译码人获得的意义之间存在差距。

二、跨文化交际的定义

“跨文化交际”一词对应的英文是 intercultural communication 或 cross-cultural communication，有时也可以用 trans-cultural communication 来表示。需要指出的是，intercultural 强调文化比较，而 cross-cultural 仅指交往，也就是说，前者相当于跨文化交际研究，而后者相当于跨文化交际活动。有学者认为，跨文化交际指本族语言使用者与非本族语言使用者之间的交际，也指任何在语言和文化背景方面有差异的人们之间的交际。而目前人们普遍认同的解释是，具有不同文化背景的人通过语言、信号、文字方式进行的思想、信息交流。它通常指的是具有不同语言文化背景的不同民族成员之间的交往活动，又指同一语言的不同民族成员之间的交际，更有人认为它是一切在语言文化背景有差异的人们之间的交际。简单地说，跨文化交际就是具有不同文化背景的人们从事的交际过程。

由于每一个人的文化和社会背景、生活方式、受教育状况、宗教信仰、性别、年龄、政治信念、经济状况，以及爱好、交友条件、性格等方面都存在或多或少的差异，所以在交际过程中说话人与听话人对信息的理解很难达到百分之百一致。不同的民族所处的生态、物质、社会及宗教等环境均有所不同，所以生长在不同语言环境下的人们就会产生不同的语言习惯、社会文化、风土人情等。因此，不同的文化背景形成了人们不同的说话方式或语言习惯。从这个意义上讲，任何人之间的交际都是跨文化交际，差异仅是程度上的，而非本质的。在跨文化交际中，交际双方的文化背景可能大致相似，更可能相去甚远。文化距离可能是国际、民族、政治制度等方面的差异，也可能是社会阶层、地区、教育背景、性别、年龄、职业、爱好或兴趣等方面的差异。

三、翻译与跨文化交际

（一）翻译的跨文化交际属性

语言交际在不同文化中均是以自身默契来编码和解码的，而中西方跨文化交际是要从不同角度去理解中西方社会的不同价值观、世界观与人生观，建立跨文化的中西方共识，促进中西方文化的沟通，以追求新文化、新价值标准为中介，并使交际双方彼此都接受，以避免不同文化之间的冲突，从而实现成功的跨文化交流。

从人类社会产生，尤其是人类通过语言交流思想以来，跨文化交际就得以产生，而要保证这种跨文化交际能正常进行，就离不开翻译。当两个使用不同语言的人相遇时，双方就必须依靠翻译进行交际，所以为了更有效地进行跨语言、跨文化的交流，翻译就产生了。翻译人员与翻译活动的出现大大推动了跨文化交际活动的发展，从最初的族群与族群、民族与民族之间的微观跨文化交际，逐渐发展成国家与国家之间、地区与地区之间乃至全世界之间的宏观跨文化交际。可见，跨文化交际的出现促使翻译活动产生，而翻译活动反过来又推动了跨文化交际的发展。没有跨文化交际的需要，也就不会有翻译。总之，跨文化交际与翻译是相辅相成、相互依存的。从某种层面上说，翻译就是跨文化交际，翻译的历史也就是跨文化交际的历史，尽管这种说法有失偏颇，但也有一定道理。以中国为例，中国文字记载的 2000 多年的翻译史不仅是翻译活动的历史记录，还是汉文化与其他外国民族文化以及我国少数民族文化之间的跨文化交际过程。

不同文化之间的交流、不同思想之间的碰撞均离不开语言。从本质上说，翻译是在一定社会语境下发生的交际过程，是一项跨语言、跨文化的交流活动。

翻译主要涉及两种语言，即将一种语言以最近似、最等值的形式转换成另外一种语言的人类社会实践活动，是一种将语言文字、语言知识、文化修养结合起来的综合性艺术，这也是它的跨语言性。因此，翻译是一种语言社会实践活动，既具有跨文化性，又具有交际性；既是一种艺术，又是一门科学。

如今，文化研究在全世界都是一个热门话题，从文化的视角，尤其是跨文化视角来研究翻译也渐渐成为一种潮流，文化因素在翻译中的作用越来越受到重视。近 20 年来，翻译研究主要有两种倾向：一是翻译理论被深深地烙上了交际理论的印记；二是翻译从注重语言的转换逐渐转向了注重文化的传达。以上两种倾向的结合就将翻译看作一种跨文化交际行为。

（二）跨文化交际与翻译研究及实践

吕俊指出，翻译的本质是传播，它是一种跨文化的信息交流与交换活动。随着跨文化交际学的出现，有学者提出，翻译是一种跨语言、跨文化的交际活动。译者除了要掌握基本的语言知识和相应的语言技能外，还要确保可以深入、灵活、有效且具体地传达原文的思想，还应了解源语与目的语的文化。只有具备了一定的跨文化交际能力，译者才能使译文达到“最近似的自然等值”，或者完成类似的文化功能。

不同民族文化在对社会现象的观察上存在一定差异，且这种差异也是影响交际顺利进行的主要障碍。在跨文化交际过程中，交际双方不但要非常熟悉本族的语言、文化，还要充分了解对方的语言、文化。只有这样，才能保证交际顺利地进行下去。

翻译是一种跨文化交际活动，它的主要认识是将一种语言的文化内涵转换到另一种语言中去，译文是否忠实主要取决于译者对两种语言以及所表达的文化内涵的细微差别的掌握情况。

第三节　英汉文化差异对比

一、英汉文化对比研究的具体阶段

英汉文化的交流开始于西汉开辟的丝绸之路，但是从真正意义上而言，我国对英汉文化进行对比研究是在鸦片战争打开中国国门之后，西方国家的侵略使国人开始思考不同民族文化层次的相关内容。同时，政治、经济的变革也对文化研究的兴起有着推动和促进作用。

二、英汉文化对比研究的范畴

事实上，英汉文化对比研究是在语言对比研究的基础上发展而来的，它和英汉语言对比研究在很多层面具有相似性。就研究的范畴来看，英汉文化对比研究具体涉及两个方面。

1. 理论研究

①有关文化的概念问题；
②有关文化的属性问题；
③有关文化的结构问题；
④有关语言与文化间关系的问题等。

2. 应用研究

①外语教学；
②对外汉语教学；
③英汉翻译服务；
④提升人们的文化交际能力（如口头、书面两个方面）；
⑤提高人的文化素养等。

三、英汉文化对比研究的方法

通常，在对英汉文化进行对比研究时，既可以采用历时研究法，又可以采用共时研究法，并且这两种研究方法都得到了广泛的应用。然而，在进行具体研究时应根据具体情况加以选择，或者在必要时将两种方法有机结合起来。例如，在文化对比研究的高级阶段，可开设文化史、文学史和语言学史等课程，采取历时研究法。值得注意的是，英汉文化对比研究是由点到面，一步步地进入全面系统的研究，即从点到面逐步实现系统化。

四、英汉民族心态差异

（一）英语民族“求变”的心态

英语文化下的人们“求变”的心态比较普遍，这在美国文化中表现得尤为突出。事实上，英语文化下的人们倾向“求变”的心态和他们崇尚个人主义的理念有着直接的关系。

在英语文化下的人们看来，事物是变化的，而且这种变化是永不停止的。变化表现为不断打破常规、不断创新的精神。他们不满足于已取得的成就，不甘受制于各种条件的限制。他们在意的是变化、改善、进步、发展与未来。在他们看来，没有变化就没有进步，没有创新就没有成就，没有发展就没有未来。例如，在美国，整个国家都充满着这种打破常规、不断创新的精神。喜欢另辟蹊径，热衷于冒险探索，是西方人“求变”的突出表现。

在西方历史文化中，到处充满了人们冲破传统的轨迹。当然，变化的背后是危险和破坏，但西方人将这些东西看作创造性的破坏，这样的破坏是创造的开始。正是因为这种“求变”的价值取向，西方社会一直处在创新的氛围中。

此外，英语文化下的人们的“求变”心态还体现在他们不同形态的流动上，他们的职业选择、事业追求、求学计划、社会地位、居住地域都在频繁地流动。

（二）汉民族“求稳”的心态

汉语文化下的人们呈现出典型的“求稳”心态，这种心态在很大程度上和群体主义取向有着直接的联系。受儒家中庸哲学思想的影响，中国人习惯“相安无事”“知足常乐”，习惯接受稳定，相信“万变不离其宗”，主张“以不变应万变”。

在中国人的心目中，“求稳”的观念和心态已经深深扎根，而且中国社会就是在“求稳”的观念下不断发展进步的，人们希望不论大家（国家）还是小家（家庭）都是和谐稳定的。

实际上，一个社会不可能固守不变，关键看为什么变、如何变、变得怎么样。中国几千年的封建社会不断改朝换代，一直发生变化，但是在“祖宗之法不可变”的精神支配下，这种变化本质上是“一治一乱”的天道循环，基本的社会制度和格局并没有变化，也没有创新。“统一和稳定”在中国历朝历代都是头等大事，是社会发展的根本保障。其实，我们可以将中国的历史用“合久必分、分久必合”来概括，“分”是表象，“合”是永恒。不可否认，中国几千年来正是在“稳定”中求生存、求发展、求进步的，而这也很好地解释了为什么中华民族的文化得以延续并完整地保存下来。

改革开放以来，中国经济飞速发展，国际地位和综合国力也迅速上升，并取得了举世瞩目的成就，而这一切始终都是在稳定中求发展的结果。国家始终将维持安定团结的局面放在首位，同时坚持“发展是硬道理”。这种“渐变”式的发展模式符合中国的国情，也符合中国文化的特质。

五、英汉思维模式差异

在漫长的历史发展长河中，人类逐渐将他们对客观现实的认识具体化成了经验和习惯，然后在语言的辅助下形成了思想。在思想形成的过程中，人们赋予了它一定的模式，然后就有了一种特定的思维形态。思维模式是文化的一部分，不同的民族不仅在文化上存在区别，在思维模式上也存在很多差异。

历经千百年的发展，一个民族群体逐渐形成了特定的语言心理倾向，这种语言心理倾向通过思维模式的差异表现出来，因此，每一种语言都体现着使用该语言民族的思维特征。在漫长的发展过程中，受特定的历史条件和生存环境，包括自然环境、地理条件、气候条件等的制约，以及生活条件和社会经济制度等的制约，中西方民族的思维模式形成了一定的差异，正是在这种差异的影响下，他们对同一事物产生了不同的语言表达方式。

英汉文化下的人们在思维模式的诸多层面都存在着明显的差异。下面结合两种文化下人们在思维模式层面比较显著的特点进行分析。

（一）思维路线差异

英汉思维路线方面的差异主要表现为英语文化下的直线型思维和汉语文化下的螺旋形思维。

1.“直线型”的英语思维

英语文化下的人们受长期使用的线形连接和排列的抽象化文字符号的影响，他们的思维路线一步步地发展成直线型，并具有明显的直线型特点。

就英语文化下的人们论文写作的思维方式来看，他们通常会在论文的开头表明观点，而且文章总是会有一个固定的中心论点，文章中所有的论述都围绕这一中心论点展开。在语言的运用方面，西方人不愿意重复前面已经使用过的词语或句式，语言运用呈现出态度明确、直入主题的典型特点。

英语文化下的人们在说话时，通常也都喜欢直接表达，而且说话的立场前后一致，不会用不相关的信息对事实进行掩盖。

2.“螺旋形”的汉语思维

汉语文化下的人们则以整体性思维模式为主，并受到整体性思维模式的影响，将事物作为整体进行综合研究。和形式论证相比，汉民族更看重领悟。这种思维模式下的人们观察事物时采用的是散点式，这种思维路线呈螺旋形，是螺旋形思维。

从行文方式来看，中国人撰写文章往往采用以笼统、概括的陈述开头的方式，段落中常含有似乎与文章其他部分无关的信息。

从语言的思考和运用上来看，中国人常会反复使用前文用过的词语或句式。在语言表达上呈现态度模糊、模棱两可的特点。无论是说话还是写文章时，中国人都习惯将思维发散出去之后再收回来，做到前后照应、首尾呼应。在这种螺旋形思维下就会出现一种现象，那就是讲话人不会直接切入主题，而是将一个问题展开论述，最后再总结。

（二）思维方法差异

从思维方法方面来看，英汉民族也存在着诸多不同，具体体现为英语思维的“抽象性”和汉语思维的“具象性”。

1. 英语思维的“抽象性”

在英语文化中，人们的思维方法具有抽象性的特点，其抽象思维较发达，在研究问题时喜欢建立概念体系、逻辑体系，因而“尚思”也是其思维的一大特征。西方民族使用的是拼音文字，这种类型的文字通过没有意义的字母的线形连接构成单词这种有意义的最小语言单位，然后再通过一个个单词的线形排列组成短语、句子和篇章，因此拼音文字缺乏象形会意的功能。

同时，根据辜正坤的观点，这种文字强调了人的智力运行轨迹，其书写形式造成一种回环勾连、如溪水长流斩而不断的流线效果，容易诱导人们去注重事物的联系性。这种状态和语法形式共同起作用，极大地强化了印欧语系民族对事物的表面逻辑联系的感知能力。

2. 汉语思维的“具象性”

在汉语文化中，人们的思维方法具有具象性特点，习惯在思考时联系外部世界的客观事物的形象，并结合在大脑里复现的物象进行思考。人们喜欢以事物的外部特点为依据展开联想，在思维方法上倾向于形象思维。这种思维方法在传统文化中也多具有“尚象”特征。更确切地说，汉语中常将“虚”的概念以“实”的形式体现出来，强调虚实结合和动静结合，给人一种“明”“实”“显”的感觉。例如，“揭竿而起”“混口饭吃”这些具有文化内涵的词汇就是很好的体现。同时，汉语中的文字也蕴含着丰富的物象，如“舞”字从字形上看很像一个单脚立地翩翩起舞的舞者形象。

（三）思维形式差异

英汉思维形式层面上的差异主要表现为英语文化下的逻辑实证性思维和汉语文化下的直觉经验性思维。

1. 英语文化下的逻辑实证性思维

英语文化下的人们注重逻辑，其思维的传统就是重视实证，崇尚理性知识，认为只有经过大量实证的分析检验得出的结论才是科学的、客观的。换句话说，英语文化下的人们形成了一种理性思维定式，其思维有很强的理性、实证、思辨色彩，注重逻辑推理和形式分析。

英语文化下的人们强调逻辑实证性的思维，在语言层面主要体现在对“形合”的侧重上。简而言之，西方人注重运用有形的手段使句子达到语法形式上的完整，其表现形式需要逻辑形式的严格支配，概念所指对象明确，句子层次衔接紧密，结构严谨，句法功能呈外显性。

2. 汉语文化下的直觉经验性思维

汉语文化下的人们在认识世界时，更多地满足于对现象的描述和对经验的总结。正如连淑能所说，中国传统思维注重实践经验，注重整体思考，因而借助于直觉体悟，即通过知觉从总体上模糊而直接地把握认知对象的内在本质和规律，和英语注重“形合”相对应，汉语注重“意合”。换句话说，汉语表现形式主要受意念引导，从表面上看句子松散，概念、推理判断不严密，但是实质上存在一定的联系，需要受众主动去理解探究，而且它的句法功能具有隐性的特点。例如：

A wise man will not marry a woman who has attainments but no virtue.

聪明的男子是不会娶有才无德的女子为妻的。

通过对本例的原文和译文进行分析，不难发现，原句中的“a、who、but”等在译文中都没有体现，汉语句子的“意合”特点显而易见。

六、英汉时空观念差异

（一）时间观念差异

1. 英语文化下的“将来时间取向”

英语文化下人们的时空观念呈现出明显的“将来时间取向”。就美国来看，作为一个移民国家，美国仅有 200 多年的历史，这相对于其他历史悠久的文明古国来说时间很短。最早到达美洲大陆的那批移民来自欧洲，他们为美洲大陆带来了新鲜的血液，逐渐开辟了整个美洲大陆。在这期间他们也形成了自己的文化，这种文化是在欧洲文化的基础上改良而来的，源于欧洲文化，但又有所不同。

美国人在个性方面体现出追求个体独立、讲求个人奋斗、追求实利和物质享受等特点。在他们看来，时间失而不可复得，因此他们都不太留恋过去，而是更多地关注现实生活，抓紧每时每刻享受生活。在美国人眼中，时间是有限的，这就使他们具有较强的时间观念，“Time and tide wait for no man.（时不我待）”是其潜在的意识。这种强烈的时间观念使西方人把更多的注意力放在了对未来事情的规划和实现上，他们相信“A future is always anticipated to be bigger and larger.（未来总是美好的）”。

2. 汉语文化下的“过去时间取向”

与英语文化下明显的“将来时间取向”正好相反，汉语文化下的人们则呈现出明显的“过去时间取向”。

汉民族具有悠久而灿烂的历史文化，中国人以此为傲，因此十分看重历史。例如，华夏族的祖先尧、舜、禹等都被历代帝王所敬重；人们习惯用圣人之训、先王之道来评价个人或者事情，如“前所未有”“前无古人，后无来者”“后继有人”等说法。

中国人受昼夜更迭、四季交替等现象的影响，逐渐形成了一种环式时间观。环式时间观容易给人一种时间富裕感，因此人们做事情总是不紧不慢的，认为还有时间。所谓“失之东隅，收之桑榆”，中国人认为失去的东西还能有时间补回来，这就使人们渐渐形成了“过去时间取向”。时至今日，随着社会的发展，虽然中国人不再过度关注过去，而是更多地关注未来，但是不可否认的是，“过去”仍然存在于人们心中，并或多或少地影响着人们的生活。

（二）空间观念差异

空间观念指的是人们在长期生活实践中逐步形成的、有关交际各方的交往距离和空间取向的约定俗成的规约以及人们在社会交往中的领地意识。英汉文化在空间上的差异具体体现在领地意识、空间取向和交往距离等方面。

1. 英汉领地意识差异

根据霍尔的观点，领地意识是一个专业术语，用于描述所有生物对自己领土属地或势力范围的占有、使用和保护行为。领地又可以进一步分为个人领地和公共领地。个人领地是指个人独处和生活的范围，如住房、卧室等。公共领地是指家庭成员或社会成员共同拥有的场所、设施等。英汉两种文化在领地意识方面的差异主要体现在以下两个方面。

（1）领地标识方面的差异

在领地标识方面，英汉文化也呈现出明显的差异。中国人口稠密，而且个人空间比较狭小，因此中国人习惯用有形的物品明确地将领地与公共空间隔离开。在中国，高大的围墙、马路边的栏杆随处可见。但是在西方国家，房子与房子之间的隔离只靠矮矮的篱笆，甚至一块匾额。

（2）领地占有欲方面的差异

相比较而言，英语民族的领地占有欲更为强烈，其领地概念甚至延伸到对个人物品的独占。例如，在工作单位或公共场合，人们都时刻明确划分和维护自己的领地范围，即使是在自己家里，也不允许他人随意进入自己的房间。同时，他们还十分注重对自己隐私的保护，不愿意别人打探自己的隐私，即便是和自己关系亲密的人。

汉民族的人们受聚拢型文化的影响，更愿意和别人分享。中国人的隐私范围相对很小，很多在西方人看来属于隐私的，在中国人看来似乎都算不上隐私。

2. 英汉交往距离差异

交往距离又被称为“近体距离”，指的是交往中交际各方彼此之间的间隔距离，包括人情距离、社会距离和公众距离。对于交往距离，英汉文化下的民族观念也存在一些差异。

（1）英语文化下的交往距离特点

英语文化下的人们常年生活在地广人稀的环境中，习惯于宽松的生活环境，因此他们很惧怕拥挤，在与人交往中也总是将自身范围扩展到身体以外，与他人保持一定的体距。例如，在与对方进行交谈时，英国人习惯保留一个很大的身体缓冲带，而许多亚洲国家的人则倾向于彼此靠得很近。

（2）汉语文化下的交往距离特点

汉语文化下的人们长期处于人口稠密所造成的拥挤环境中，因此可以适应拥挤的环境，且向来有“人多力量大”的观念，所以中国人对交往中的体距问题要求不高。

3. 英汉空间取向差异

空间取向指的是交际各方在交往中所处的空间位置、朝向等。空间取向最常涉及的就是座位安排问题。下面主要结合英汉两种文化在就餐和会议座位安排两方面的差异进行具体分析。

（1）就餐座位安排

在就餐座位安排方面，英汉两种文化存在一些相同点。通常，桌首位置一般坐的都是作为一家之主的男性最高长辈，而桌尾位置，也就是靠近厨房的位置通常是家庭主妇的位置，方便端菜、盛饭等，其他家人分坐桌子两侧。英汉两种文化在就餐座位安排方面的不同之处在于，英语文化下安排餐桌座位通常以右为上、左为下，汉语文化中则以面南（或朝向房门）为上、面北（或背向房门）为下。如果有夫人出席时，英语文化中的人们以女主人为主，让主宾坐在女主人右上方，主宾的夫人坐在男主人的右上方，主人或晚辈坐在下方。

（2）会议座位安排

在会议座位安排方面，在诸如商务谈判等正式场合中，英汉两种文化下的就座安排基本相同，都是右为上和面向房门为上。中国人在谈正事时，尤其是谈判、商讨要事时，要面对面隔桌而坐；批评或训斥下属则大多面对面隔桌站立。

七、英汉价值观念差异

（一）英语文化下典型的“个人主义”倾向

西方国家中的人们十分推崇独立自主的个人主义，他们的价值观念就是民主、自由、平等、权利等。受这种个人主义观念的影响，西方国家人们的民主意识、平等意识、权利意识等慢慢形成并发展。西方人十分看重对个人权利的维护，崇尚平等，向往自由。

个人主义价值观主导下形成的个体文化追求个体自由、互不侵犯、利益均衡，人际交往中的交际规则被看作处理人际关系的一种策略，个体自由绝对不可侵犯。西方人还对个人隐私十分看重，在他们看来，个人隐私不仅是为了维护个人自由，更重要的是可以让自己在社会群体中保持完美的形象，从而获得平等的竞争和生存条件。因此，他们在谈话时很少涉及关于自己年龄或者疾病的话题，也比较忌讳谈论个人的财产和收入等话题。

（二）汉语文化下典型的“集体主义”倾向

中国人在整体思维模式下形成了集体主义价值观念，这种价值观念认为每个人都是群体网络中的一部分，而不像西方人所说的是孤立存在的独立个体。所以，群体之间逐渐形成了一些各方均认可的价值观念和道德准则，如集体主义、对群体的依赖性等，以保证这种群体关系的和谐发展。这种观念在商务活动中显得尤为突出，谈判时通常会经过团体内部反复的讨论和意见交换，才能最终达成一致。

集体主义观念指导下的人们在处理个人与集体的关系时，习惯坚持“小家服从大家，个人服从集体”的原则，因此就产生了诸如“先天下之忧而忧，后天下之乐而乐”等具有明显的集体主义思想的语句。人们在“礼”文化的教导下，懂得尊敬长者和有地位的人，知道礼让。例如，在和老人打招呼时称呼“师傅”“大娘”“大爷”等；与担任某一职位的人打招呼时，为了表示尊敬，通常会在其姓的后面加上职位名称。

中华文化十分推崇集体主义价值观，这种价值观下的人们很重视人际关系，他们相互体谅、相互关切、以诚待人。为了表示关心对方，中国人在问候别人时，常常会涉及别人的私事，或者会为了表示真诚而毫无保留地披露自己的私事，因为中国人信奉“事无不可与人言”“君子坦荡荡，小人长戚戚”等观点。但是，这些涉及个人隐私的交际语，对于西方人来说通常是不会被接受的，他们不会很乐意回答。

八、英汉生活方式差异

受文化中诸多因素的影响，英汉文化下的人们在生活方式的很多层面都存在着明显的不同。在此主要结合以下几方面进行具体分析。

（一）称谓语差异

在称谓语方面，中国人和西方人存在着明显的不同，下面结合具体例子进行分析。

从对陌生人的称呼方面来看，英语文化中对陌生人的称呼较为简便。他们对男子统称为 Mr.，对未婚女士统称 Miss，对已婚女士统称 Mrs.。汉语文化下对陌生人的称呼有时也像对亲属的称呼一样，但针对陌生对象的年龄、身份等的差异，其称呼也各不相同，例如，大爷、大娘、大叔、大婶、大哥、大姐等。

从对亲属的称谓来看，英语文化中的亲属主要以家庭为中心，一代人为一个称谓板块，而且只区别男性、女性，不区分因性别不同而出现的配偶双方称谓的差异，这体现了他们追求男女平等的观念。例如，英语中对“祖辈、爷爷、奶奶、外公、外婆”称呼只用 grandparents、grandfather、grandmother，对“伯伯、叔叔、舅舅、姑妈、姨妈”等称呼只用 uncle 和 aunt。

此外，英语中表示同辈的 cousin 不分堂表、性别，而且表示晚辈的

nephew 和 niece 没有侄甥之别。与之相比，汉语文化下的亲属称谓等级分明，区分极细。

（二）面对恭维时的态度差异

英汉两种文化下的人们面对恭维的态度也存在很大的不同。

英语文化中的人们面对别人的恭维时一般表示谢意，通常不会推辞。例如：

① A：You can speak very good French.

B：Thank you.

② A：It’s a wonderful dish!

B：I am glad you like it.

而汉语文化中的人们受到传统文化的影响，强调谦虚谨慎的为人处世态度，在得到别人的恭维或夸奖时往往会推辞。例如：

③甲：您的英语讲得真好。

乙：哪里，哪里，一点也不行。

④甲：菜做得很好吃。

乙：过奖，过奖，做得不好，请原谅。

（三）询问和回避私事差异

在对待私事问题方面，英语文化下的人们通常予以回避，而汉语文化下的人们则习惯与别人谈论一些“隐私”的问题。

英语文化下的人们受个人本位主义的影响，其行为往往以个人主义为中心，认为个人的利益神圣不可侵犯，因而其对个人隐私也十分重视。例如，在人们谈话中，涉及个人隐私问题的话题，如收入、年龄、婚姻、宗教信仰等，都属于禁忌，如果询问这些问题，通常都是很冒昧或失礼的。

汉语文化下的人们则不同，他们喜欢聚居，接触得较为频繁，并且团结友爱、互帮互助的集体主义观念比较浓厚。受这种环境的影响，人们习惯与别人谈论自己的喜悦和不快，也愿意了解他人的欢乐和痛苦。尤其是在我国传统习俗中，长辈或者上司询问晚辈或下属的年龄、婚姻家庭等，通常会被理解为关心，而不是窥探他人“隐私”的行为。通常情况下，上司与下属的关系很近时才会询问上述问题，而下属不会感觉是在侵犯自己的隐私，反而会感觉上司很和蔼亲切。

（四）回答提问的角度差异

英语文化下的人们往往依据事实结果的肯定或否定用 yes 或者 no 来回答别人的问题。例如：

① A：You're not a student，are you?

B：Yes，I am./No，I am not.

汉语文化下的人们回答提问习惯于以肯定或否定对方的话来确定“对”或者“不对”。例如：

②甲：我想你不到 20 岁，对吗？

乙：是的，我不到 20 岁。/ 不，我已经 30 岁了。

（五）接收礼物的态度差异

面对客人的礼物，英语文化中的人们通常都是当着客人的面马上打开，并对这些礼物表示称赞。例如：

① Thank you for your present.

② Wow! Very beautiful!

③ What a wonderful gift it is !

汉语文化下的人们则不然，其收到礼物时多会说一些表示推诿的话。例如：

④让您破费了。

⑤哎呀，还送礼物干什么？

⑥真是不好意思啦。

此外，汉语文化下的人们都是在收到客人礼物时先把其放在一旁，待客人走后才会拆开。

第四节 跨文化语篇与跨文化转换策略

翻译活动以前一直被看作纯粹的语言之间的转换活动，但自 20 世纪 90 年代翻译研究实现了文化转向以来，翻译越来越多地被看成是一种跨文化的活动。我们知道，语言是文化的载体，文化是语言滋生的土壤。语言在其形成和发展过程中，深深地烙印在社会生活各个侧面，反映和折射着某一独特的文化现象。因此翻译与文化有着密切的联系，研究翻译必然要研究相关的文化。然而，翻译作为特定语境下的跨文化交际活动，并不涉及某一文化整体的所有方面。

正如浙江大学许力生教授所指出的那样，讨论翻译问题应找到语言和文化的结合点——话语。特定的跨文化翻译通常并不涉及整体文化的所有方面，而只涉及相关的话语系统和话语社团。基于“话语系统”“话语社团”的概念和理论，许教授认为语言之间的翻译实际上应该进一步划分为“话语内翻译”与“跨话语翻译”。他认为，表面上不同的语言体系或语言社团之间并不是彼此孤立、毫无联系的，而是有所重叠和交叉的，即不同的语言体系或语言社团中包含有相同或相似的话语体系或话语社团。换句话说，使用某语言的某些人可能会与使用另一语言的某些人属于同一个话语体系或社团，因而这些人之间的交流就是同一话语内的交流，比较容易做到相互理解。他们之间交流的障碍主要产生于各自语言之间的差异。而对于那些不属于同一语言社团，又不属于同一话语社团的人们来说，交流不但会碰到语言上的障碍，而且还会因为话语体系或社团的不同遭遇更大的困难。他们之间的交流就较为复杂，理解上的障碍也更多。同一话语社团内的交流与不同话语社团间的交流所存在的差异，必然对其产生深刻的影响，并因此呈现不同的特征。这种观点为我们进行语篇分析和语篇翻译方法的选择提供了一个比较新的视角。“话语翻译”的提出，改变了我们把所有的翻译都笼而统之地认为是跨文化的翻译的观点，也为我们采用何种翻译策略提供了思路。对于同一话语社团不同语言之间的翻译，一般以直译为主；而对于不同话语社团的不同语言之间的翻译，一般则以意译为主。文化的差异一般是存在于不同话语社团之间的。当然，“话语翻译”要建立在语篇分析的基础上。

语篇模式实质上就是人们在特定文化的具体语境中使用语言完成其交际任务的习惯性方式和程序。从根本上讲，语篇的构建方式与所使用的语言没有必然的联系，尽管同一语篇模式在不同的语言中的实现可能会有一些差异。决定语篇构建方式的主要因素是文化，即基本文化观念与价值，包括如何看待外部客观世界以及人与外部世界的关系，如何看待个人与社会之间、人与人之间的关系，等等。这些决定文化基本特质的东西在很大程度上决定着人们会构建出什么样的语篇来。我们可以说，语篇的不同与人们对语言的使用，即话语密切相关，而与使用的语言之间的差异并无本质上的联系。因此一些用不同语言表达的语篇之间的相似之处可能明显大于用同一语言表达的语篇之间的相似之处；某些同一语言语篇之间的差异也可能大于不同语言语篇之间的差异。例如，有些汉语语篇可能跟某些英语语篇有更多的相似之处，而同样是英语语篇或汉语语篇，有些语篇各自内部之间的差异也许还可能会大于与另一种语言语篇的差异。

由此看来，对于那些不属于同一语言社团，但属于同一话语体系或话语社团的话语内语篇翻译，由于牵涉到的文化差异相对较少，在翻译时可更多地采取直译或异化翻译的方法；对于那些既不属于同一语言社团，又不属于同一话语体系或话语社团的跨话语语篇翻译，可能要采用意译或归化的翻译方法以解决不同话语社团之间的文化差异问题，才能成功实现跨文化交流的目的。

翻译不仅是语言符号间的转换，更确切地说是文化符号间的转换。各民族文化间的共性使转换成为可能，文化的差异使转换不可能完美甚至可能成为一定程度上的障碍。文化的个性会形成文化差异的鸿沟，译者的使命就是架设跨越鸿沟的桥梁。

无论在英语还是汉语中，都有许多具有浓郁文化特色的词语，特别是在许多成语、谚语、俚语、方言、颜色词、动物词、人名、地名中，文化内涵十分丰富。翻译这样的词语时，一方面要尽可能传达源语的文化特色，另一方面又要不逾越译入语文化和译入语读者可接受的限度。

第三章 跨文化交际与英语翻译研究

第一节 跨文化交际概述

一、跨文化交际的起源与发展

跨文化交际是一种长期存在的普遍现象，但是它作为学科来进行研究的历史很短暂。“跨文化交际”这一术语是由美国人类学家霍尔在1959年出版的经典著作《无声的语言》中首先提出的，学术界普遍将这部著作视为跨文化交际学的奠基之作。此后，奥利弗出版了《文化与交际》，史密斯出版了《交际与文化》。这三本专著都是围绕文化与交际的关系展开论述的。而在20世纪60年代中期以前，学者们在讨论交际时很少涉及文化的影响。从20世纪60年代开始，美国的一些大学开设了跨文化交际学这门课程。20世纪60年代中期，匹茨堡大学的一批学者组织了研讨会，形成了一个研究中心。1970年对于跨文化交际研究来说是一个转折点，在这一年，国际传播协会正式承认跨文化交际学这一领域，并在协会下设立了跨文化交际的分支——言语传播协会，并确定1970年为“跨文化与跨国语言研究交际年”。从20世纪80年代至今，一大批跨文化研究学者开始了跨文化交际理论研究。到现在，跨文化交际已经成为一门成熟、完整的科学体系，在美国有130多所大学已经开设了跨文化交际学这门课程。跨文化交际涉及了社会学、心理学、人类学、管理学、民族学、大众传媒学、美学以及宗教学等许多领域，并成为其研究方向之一，相关文章与专著也迅速增加。

二、跨文化交际的定义

“跨文化交际”的英语名称是“cross-cultural communication”。它指本族语者与非本族语者之间的交际，也指任何在语言和文化背景方面有差异的人们之间的交际。通俗来说就是如果你和外国人打交道（由于存在语言和文化背景的差异），应该注意哪些问题，应该如何得体地去交流。

（一）从文化和交际的角度定义

“交际即文化，文化即交际”，两者是相通的。没有交际就难以形成文化，而文化就是在交际中得以存在和发展的。符号学家把两者的关系概括为“文化是冻结了的交际，而交际是流动着的文化”，这是非常精辟的。“交际”在英语中可以有两种论述：一是“social intercource”，强调它的“社会性”；一是“communication”，突出它的“交际性”。而“communication”来源于拉丁语“commonis”一词，是“共同”的意思。因此，“交际”这一概念与“社会共同”“社会共享”密切相关，“社会共同”或“社会共享”是交际的前提。事实表明，只有同一文化的人们在行为规范方面具有共性，或交际双方共享某一文化规范，才能进行有效的交际。跨文化交际是不同主流文化的人们之间的交际，当然要求双方互相理解或遵循对方的文化。只有这样，才能保证交际达到预期的目标。关于交际的本质属性，可以从以下几方面来理解。

1. 有意识行为和无意识行为

在交际过程中，任何性质的符号都可用来交际，除了语言符号，更多的是非语言符号，包括各类行为。这是因为人们的行为有些是有意识的，而有些是无意识的。在社会化的过程中，人们的很多行为是无意识习得的，譬如站立、行走、身姿、手势乃至言语行为等。很多其他行为也同样是不知不觉学会的，并且可能在不知不觉中发生，尤其是非言语行为，如脸红、微笑、点头、皱眉头、伸舌头和眨眼睛等都会在无意识中自然流露。值得注意的是，这些行为一旦被观察或注意到时，客观上就传递了信息，交际也就发生了。研究表明，在正常交际中人们惯常的交际行为是无意识的，或意识性很弱；但在陌生环境中，人们的交际行为有时会是有意识的，或自觉的。这意味着在与文化背景相似的人交际和与文化背景不同的人交际时，交际行为是有差异的。前者往往是无意识的，后者往往是有意识的，至少两者之间在意识程度上有所区别。这也意味着在跨文化交际中产生失误或误解是不可避免的，因为在不同的文化背景下的无意识行为可能与对方的文化规范相悖，而这样的无意识行为一旦被对方观察到，就会被赋予消极意义，从而会产生特定的反应。这一点在跨文化交际中应引起充分的注意。

2. 编码过程和解码过程

交际是一个编码和解码过程，信息交流是一个编码和解码的心理活动。具体地说，编码是把思想、感情、意识等编成语码（如言语或非言语行为以及书面语等符号）的过程；而解码则是对从外界接收的符号或信息赋予意义或进行解释的过程。有效的沟通，只有在发出信息的人和接收信息的人共享同一或相近的语码系统时才能实现，也就是说交际双方使用同一种语言说话。而且仅仅共享同一语言符号系统还不够，交际双方对其他相关因素的理解和把握也许更重要。交际行为是文化和社会行为，它必然发生在社会之中，并受社会众多因素的影响和制约。

（二）从对外汉语专业的角度定义

"跨文化交际"的概念可以这样界定：在特定的交际情景中，具有不同的文化背景的交际者使用同一种语言（母语或目的语）进行的口语交际。

1. 交际双方必须来自不同的文化背景

文化背景的差异是一个宽泛的概念，既是指不同文化圈之间的差异，也是指同一文化圈内部亚文化之间的差异。不过立足对外汉语专业，文化差异主要指不同文化圈之间的差异，尤其是中国和欧美国家的文化差异。因为从跨文化交际的实际情形来看，由于文化背景的差异导致交际失误，容易引起冲突的主要是中国和欧美国家的人际交往。中国同亚洲地区国家，如日本、韩国以及东南亚一些国家的人际交往，虽然也存在文化差异，但要顺利得多，这是因为这些国家与中国同属东方文化圈，彼此之间在文化取向和交际规范方面有很多相通的地方。

2. 交际双方必须使用同一种语言交际

这是显而易见的，假如一方使用一种语言，而另一方使用另外一种不同的语言，交际是无法进行的。但是，既然交际的双方来自不同的文化背景，又要使用同一种语言，那么用来交际的语言对一方来说是母语，而对另一方来说必然是第二语言（习得的"目的语"）。比如一个中国人与一个美国人交谈，他们可以选择使用汉语，也可以选择使用英语，这样他们就可以用同种语言直接交际，而不需要通过翻译这个中间环节。这样界定的着眼点也是由对外汉语专业的特点决定的。

3. 交际双方进行的是实时的口语交际

跨文化交际的途径多种多样。可以是语言符号的交际，也可以是非语言符号的交际，如商品、画报、实物、影像、演出到其他物化形式符号的交际；可以是现场的双向交际，也可以是通过媒介的单向交际，如电视、广播、报刊、广告等传播方式的交际；可以是口语交际，也可以是书面交际，如信函、公文等的来往。从对外汉语专业来看，我们着眼的主要是实时的口语交际，即双方面对面的交谈。此外也包括伴随口语交际而可能发生的书面语交际，即文字传播方式的交际。

4. 交际双方进行的是直接的言语交际

当前国内的跨文化交际研究主要集中在外语教学界。跨文化交际是一门年轻的学科，它是在国际交往日益频繁、全球经济一体化的特定时代产生的新兴学科。在中国，跨文化交际研究是改革开放的产物，是汉语国际推广战略决策的需要。跨文化交际又是一门综合性学科，它是当代社会科学学科综合研究的结果，学科背景主要涉及文化语言学、社会语言学和言语交际学。其中文化语言学凸显“文化”的侧面，社会语言学凸显“社会”的侧面，而言语交际学凸显“交际”的侧面，这三个不同的侧面都围绕语言符号与非语言符号的“语用”这个核心。正是在这个基础上建立起了这么一门综合性的语言学科。在学习英语的过程中有这样一些问题：许多人在语言交流当中有很多障碍，最早的时候沟通障碍在于你的英语表达不好而产生误解，这是传统的看法。之后，当双方的语言能力都很好的时候，好像就没有交流障碍了，而这其实是我们的一种误解。研究发现，并不仅仅是英语好就能达到沟通的目的。我们过去所说的沟通仅仅是会表达，所以搞外语的人把 intercultural communication 翻译成中文叫“跨文化交际”。交际，就意味着用语言进行表达，而在语言表达过程中还有许多沟通上的问题。因为前者更注重你的语言表达好与不好，而不注重沟通之中对方是否真正理解到了你所要表达的问题，所以在某种意义上来说，更倾向于“跨文化沟通”。

第二节　英语翻译中的跨文化交际因素

作为翻译工作者，在其具体的翻译实践中，首先就应对翻译所涉及的两种语言有足够的理解和把握，而要想更好地掌握和认识语言，深入了解两种语言所涉及的社会文化也非常关键。翻译工作者不仅应对两种语言所涉及的文化有足够的认知，还应加强对这两种不同文化的对比。强化对两种不同文化的对比对翻译有着重要的影响和意义。

一、跨文化交际与文化翻译的关系

语言交际在不同文化中都是以自身默契来进行解码或编码的，但东西方跨文化交际是从不同的视角去审视不同的世界观、人生观与价值观，从而建立东西方的跨文化共识，最终促进东西方文化之间的沟通。下面就从跨文化交际学视角审视文化翻译。

（一）从跨文化交际审视文化翻译的障碍

如前所述，翻译并不是单纯的语言知识转换，其必然涉及文化因素，这在文化翻译中体现得尤为明显。英汉两种语言在表达时往往折射出不同的文化差异，因此在进行文化翻译时，译者需要从具体语境出发，对翻译材料的文化因素进行分析与调整，从而不仅能够将源语文本的文化色彩展示出来，还能够让译入语读者理解和接受。一般来说，在跨文化交际学视角下，文化翻译中的障碍主要有如下几点。

1. 词汇层面的障碍

随着文化的不断演进，语言也在不断形成与发展，不同国家、民族、地区的人们，由于其具有不同的语言心理、生活习俗、文化观念、思维方式等，他们对同一物质世界、物质现象的概念与划分也会有所不同。这种差异性在词汇层面体现得比较明显，具体表现为两点：一是语义场的空缺；二是对应词汇内涵的差异。

（1）语义场的空缺

虽然英汉两种语言都反映了客观世界，但是在对其进行描述时，不同的民族其表达方法也不同。这就导致出现了语义场词汇空缺的情况。简单来说，词汇语义场空缺是指在英语中具有的词汇在汉语中找不到对应的表达，反之亦然。

例如，地理环境的差异对词语构成产生了重要影响。由于英国是一个岛国，因此英国人对于“船”是非常熟悉的，英语中关于“船”的表达有很多，如 ship、boat、catboat、ketch 等，但是这些词语在汉语中并未找到合适的对应，因为中国是一个内陆国家，中英在地理环境上存在差异，所以导致了词汇构成的差异。

（2）词汇内涵的差异

由于中西方在价值观念、文化等层面的差异，英汉两个民族在表达同一概念时会产生不同的联想义，这就是词汇内涵的差异。例如，英汉语中都有“家庭”“个人主义”这些概念性词语，但是它们在语义层面上存在较大差异。以 individualism 为例来说明，其在汉语中往往被翻译成“个人主义”，但是在中国人的眼中，“个人主义”是一个贬义词，即一切从个人利益出发，将个人利益置于集体利益之上。而在英语文化中，individualism 并不是一个贬义词，而被西方人认为是一种崇高的品质，表达的是个体实现自我价值的理念。

2. 语法层面的障碍

受自身文化的制约和影响，英汉两个民族的思维方式有所不同，因此他们对同一思想所审视的角度、所表达的方法都不一样。例如，否定在英汉两种语言中都比较常见，但是在表达上存在较大差异。英语中的否定结构比较复杂，有些从句子形式上看是否定句，但是从内容上分析则为肯定句，反之亦然。因此，在对其进行翻译时，切忌望文生义，必须对句子的形式和内容多加揣摩，才能把握句子的正确意义，然后再从汉语读者的表达习惯出发来翻译。

3. 语用层面的障碍

语用意义往往文化性较强，文化不同其具有的社会交往习俗也存在明显差异，这些习俗的差异对文化翻译造成的影响是显而易见的。例如，英汉两种语言在问候用语、电话用语、称呼用语上就存在较大不同。可见，译者需要了解语用层面的文化差异，这样才能保证文化翻译的顺利展开。

4. 文化语境层面的障碍

语言是人类展开交际的工具和手段，但是只有将语言置于合适的语境中，才能实现语言的交际功能。语境往往承载着一定的文化意义，如果脱离了具体的语境，那么人们就很难理解对方所说的话，也很难展开准确的翻译。因此，文化语境对于文化翻译起着制约作用。

通常来说，在本民族特定的语言文化中，人们根据特定的文化语境分析话语意义是非常容易的，但如果是在陌生的语言文化中，人们并不了解其具体的文化语境，因此很难理解话语意义。例如：

Unemployment，like the sword of Democles，was always accompanying the workers.

失业犹如达摩克利斯的剑一样，随时威胁着工人。

上例中，“the sword of Democles”是一则古希腊典故，本义为“临近的危险”，对于西方人来说，他们一看到“the sword of Democles”，就能够与“形势危急”联系起来，但是这样的文化意象并不存在于汉语文化中，因此汉语读者并不理解其文化内涵。可见，译者应该注意文化语境层面造成的障碍。

（二）从跨文化交际分析文化翻译研究与实践

随着跨文化交际学的兴起，很多学者指出，翻译是一种跨语言、跨文化的交际活动，译者仅仅掌握两种语言的语音、语法、词汇等基础知识以及听、说、读、写、译能力，显然已经不能保证译者灵活、深入地表达思想，译者还需要对源语与译入语的文化有所熟悉，具备一定的跨文化交际能力，使译文实现与源语相似的文化功能。

如前所述，各民族文化在对社会现象的洞察上存在着文化差异，而这种文化差异正好影响了跨文化交际的顺利进行。在跨文化交际学研究中，参与交际的各方不仅要熟悉本民族的语言与文化，还需要熟悉对方民族的语言与文化，只有这样才能听懂对方的意思。而要熟悉对方的语言与文化，就是要将自己的意思传达给对方，又不至于造成对方的误解或者伤害对方。

在跨文化交际学研究中，文化差异是影响跨文化交际的一项重大障碍，为了达到跨文化交际的目的，很多时候译者需要淡化自己的文化。简单来说，译者要尽量避免使用民族色彩强烈的词汇，如果对方或读者没有弄清自己的意义，译者有必要进行改写或者增加注释。麦克拉姆曾经指出：“他经常遇到一些印度人，这些人说的话很难让我理解。甘地夫人也说过，在一次国际会议上，她没有听懂那个宣讲论文的印度人的英语。”麦克拉姆还举出了一个著名的例子：“Yes madam，quite big family!——Eight children，six sons，two daughters. Big family! Ha! Ha! No good. Madam.”这是一个新加坡华人写出来的句子，很显然几个句子是以汉语语法组织起来的，并且完全不顾及英语句子必须存在谓语的要求。这样的句子在跨文化交际中很难让人理解，从而影响交际的顺利展开。

可见，译者是处于两种语言与文化之间的，因此应充当好桥梁的作用。

跨文化交际学研究为文化翻译确定了翻译标准，文化翻译的标准要求具有动态性和可操作性，其目的是实现跨文化交际。跨文化交际学为从跨文化视角审视特定文本所处的语境、展现的语言特点提供了特定的方法。

跨文化交际学的理论和研究方法赋予文化翻译的作用主要体现在如下几点。

①利于客观认知文本、语篇生成与传播的微观和宏观语境。

②利于确切了解信息接收者的整体特点与个性特点。

③利于确定翻译文本、语篇中“符码”所蕴含的文化信息。

④利于确定翻译标准是否适度，翻译技巧是否合理，翻译质量是否优质，翻译效果是否具有实效性。

二、跨文化翻译的阐释学视角

虽然当前从阐释学角度审视翻译已经取得了一定的成果，并且促使众多学者对翻译活动展开了整体反思，但是现如今跨文化翻译仍旧存在一些问题，因此作者对跨文化翻译中的一些因素进行分析，并澄清阐释学与跨文化翻译之间的关系，重新从阐释学角度审视跨文化翻译。但是在这之前，我们需要正视三大问题。第一，译者需要作为阐释者的身份来面对源语文本，但是由于译者属于不同的语言与文化，这就要求他们必须跨越语言与文化的障碍来求取与源语作者的“视域融合”。这种融合是否可能？也就是说我们应该如何看待翻译过程中的理解以及理解的历史性。第二，在跨文化翻译过程中，译者已经不再遵循“科学＋逻辑”这一结构主义范式，不再将翻译视为绝对意义与绝对形式的理想对等，也不再将翻译看成译者的灵光一现。因此，我们能否从哲学阐释学的理解以及理解的历史性中挖掘出跨文化翻译的新思路。第三，在跨文化翻译活动中，直译还是意译、异化还是归化的争论问题从未停止。如果按照哲学阐释学的观点，理解与理解对象都是历史存在的，文本也具有开放性，那么其意义必然是无穷无尽的，因为文本的意义和理解者都会不断发生改变。如果承认这一论断的合理性，那么是否意味着翻译的标准也会不断发生变化。基于此，笔者展开如下探讨。

（一）对源语文本与译者关系的再认识

传统的翻译学理论很少对源语文本与译者的关系问题展开探讨，即使有提及，也仅限于译者对源语文本语言、文字的解读上。因此，我们有必要从阐释学的角度重新审视源语文本与译者的关系，便于之后更好地对翻译的第一阶段——解读阶段有一个深层次的认识。

伽达默尔在《真理与方法》一书中，为了证明阐释者与源语文本的关系，他曾经有这样一段说法："所有的翻译者都是阐释者，外语的翻译情况表达了一种更为严重的阐释学困难，既需要面对陌生性，还需要克服这种陌生性。所谓陌生性，其实就是阐释学必须处理的'对象'。译者的再创造任务同一切文本提出的一般阐释学任务在本质上并没有什么区别，只是在程度上存在差异。"从这一点可以看出，在跨文化翻译的理解过程中，译者首先要将自己置于阐释者的状态，面对源语文本的语言与文化的陌生性，使自己参与到这个陌生的意义域之中。

面对这种跨语言、跨文化的陌生性，译者如何进入源语文本文化的意义域中呢？如果译者的大脑一片空白，要想理解是不可能的，他们必须了解自身文化与译语文化的异同点，带着自身的理解背景因素跨越到源语文本的异域文化因素中，求同存异地实现与源语文本作者的"视域融合"。但是，这种"融合"是相对意义上的"融合"，要想完全消除误译或者误读是不可能的，而这里所说的"融合"只是在译者自身的理解能力范围内，达到与源语文本意义域的一种动态历史对应。

（二）对跨文化翻译解读过程的再思考

翻译本身必然是跨文化的，因此译者不可避免地要面对两种文化的碰撞。在跨文化翻译过程中，译者首先需要对源语文本文化的差异性进行解读，这也是从阐释学角度审视跨文化翻译的关键。如前所述，在跨文化翻译中，语言与文化的透明互译并不存在，译者视域需要在与源语作者的视域进行不断碰撞的基础上实现融合，因此译者在进行跨文化翻译解读过程中需要注意以下几个问题。

第一，真正的跨文化理解是不能驻留在语言本身的。从阐释学意义上说，理解一门语言本身并不是对语言真正的理解，其中也不涉及任何解释过程。我们之所以说理解一门语言，是因为我们生活在这一语言之中。哲学阐释学问题并不是对语言正确掌握的问题，而是对于在语言媒介中所发生的事情能够正当了解的问题。这样来说，掌握语言是一个前提条件，而文化是这前提中的蕴含意义。我们可以将跨文化翻译视为一种谈话，一方面是译者与源语文本的探索，另一方面是译者同自己的谈话。只有在这种交谈模式中，译者才能将自己的文化积累与源语文本的文化意义相关联。

第二，当代诠释学所说的理解与传统诠释学并不相同，即当代的诠释学并没有要求抛弃诠释者自己的视域，将自己置身于源语作者的视域中。从跨文化翻译的角度来说，译者对源语文本的解读是在生存论意义上的跨文化展开。译者理解的基础并不是将自己置于源语作者的思想中，或者是让自己参与到源语作者的创作活动中，而是要将所要理解的意义置于源语文本反映出来的语境中。当然，这并不是说翻译者可以任意对源语文本所指的意义进行扭曲，而是应该保持这种意义，并让这种意义在新的语言世界中以一种新的方式发生作用。

第三，在跨文化翻译中，译者应该从阐释学的角度将跨文化翻译的每次解读视为一种意义的生成过程。从历史意义上说，这一过程无穷无尽。

虽然源语文本文字记录的意义从根本上可以被辨认，也可以用译入语进行复述，但是这里的复述并不是严格意义上的复述，其并不被归结到最早讲出或写下的某种东西的原始意蕴中。跨文化阅读的理解并不是对某些以往的东西进行简单的重复，而是对一种当前意义的参与，其融入的是跨文化译者的视域。

（三）对跨文化翻译步骤与标准的反思

在阐释学看来，跨文化翻译活动主要分为四步：信赖—入侵—吸收—补偿。

1. 信赖

译者要存在一个视野，其可以涵盖与源语文本相关的所有信息，如原作作者的信息、原作写作时期的信息等，这肯定和体现了以往的认知行为。当译者遇到某一文本时，无论译者是否主动，文本都进入了译者预设好的视野之中。如果译者能够听懂或者相信文本所说，那么说明译者对文本产生了信赖，也说明译者对文本产生了兴趣，希望从中获取自己想要的东西。

之后，译者就开始着手于翻译活动。可见，信赖从某种意义上说是对原作的信任，但是这种信任是最初的，当译者渐渐认识文本之后，就可能会面对来自源语文本的抵抗，这就给翻译造成了极大困难。这种来自源语文本的抵抗就导致跨文化翻译的阐释过程的第二步——入侵。

2. 入侵

这一词语本身具有“暴力”的含义，但是在海德格尔看来，如果译者将存在意义转化成理解意义时，不可避免地会遇到暴力入侵。因为不同文化背景下的差异会给译者设置多重关卡，译者只有冲破跨语言、跨文化的关卡，才能翻译出自己想要的东西。

3. 吸收

入侵的目的是获得,从源语文本中抢到的东西,经过消化,贴上译者的标签,进而才能被译者得心应手地使用。这就是吸收的过程。

4. 补偿

当经历了信赖、入侵、吸收之后,译者不可能对源语作品进行原原本本的复制,可能是因为对源语作品抢夺得太少,或者是因为在吸收和组装过程中发生了变形,因此为了维持平衡,就必然需要补偿。这样译者除了对源语的潜力进行再现外,还得到了源语作品未表现出来的价值。

分析了阐释学视角下跨文化翻译的步骤,下面就来反思一下阐释学视角下跨文化翻译的标准。今天,翻译标准的设定或者取舍都是建立在源语文本与译语文本之间的意义和形式上展开的,就是前面说的直译与意译、异化与归化的争论。但是,人们很少从阐释学的角度对传统翻译学标准进行反思和转化。

根据阐释学的观点,译者对源语文本的理解具有历史性,解读源语文本中也存在合法偏见,跨文化理解与翻译被认为是开放性的动态过程,这样翻译标准的设定就首先需要依赖于对源语文本的理解与解释标准的设定。但是,翻译并不能仅仅停留在理解层面,最终产生译作才是目的。就目前来说,理想范本是并不存在的,因为针对原作产生的译本会不断得以提升,因此跨文化翻译的标准也会不断发生改变,很难确定最终的标准,只能说是一种动态的、不断演进的相对标准。

三、跨文化具体差异对翻译的影响

(一)物质文化差异对翻译的影响

英汉民族的人们生活在不同的物质世界中,他们所创造出来的所有物质产品都是文化的物质载体。我们经常提及的衣、食、住、行就属于物质层面文化的重要构成部分。

下面例子是一些典型的汉语中物质文化的英译和一些独具特色的英语物质文化的汉译。

唐装 Tang suit

旗袍 cheongsam

杂碎 chop suey

hot dog 热狗

salad 沙拉

（二）生态文化差异对翻译的影响

受到地理位置差异这一客观性因素的影响，英汉民族的生态文化也存在着明显的不同。我国是典型的大陆性国家，具有幅员辽阔、地大物博这一特点，并且出现了诸多具有特殊地域色彩的表达。例如，“福如东海，寿比南山”“黔驴技穷”等。英国是一个岛国，以其发达的航海业著称，其语言表达中也出现了很多与船、海洋、水等相关的表述，如 all at sea（不知所措）、spend money like water（挥金如土）等。加强对这些生态文化因素的对比，有利于作者在源语和译入语之间进行更好的思维转换。

（三）政治文化差异对翻译的影响

在英汉翻译过程中，还会涉及一些政治术语、经济术语的翻译。但是，由于各国政治、经济体制的不同，这些文化差异具有客观存在性。因而，在翻译的过程中，应坚持正确的政治立场，在潜意识中树立政治文化对比意识，以保证对这些内容的精确翻译。例如，在美国英语中，jump on the bandwagon 具体是指各政治团体在竞选运动中各自准备了宣传车，以吸取选民们去听候选人演讲。在对这一政治术语进行翻译时，采取了以下两种译法：

译法一：跳上宣传车

译法二：支持候选人

译法一的这种直接译法其实是为了用来表示对候选人的支持，但是同第二种译法相比，表达得并不是很到位。因而，第二种译法更可取。

（四）观念文化差异对翻译的影响

受群体环境的影响，中国人民形成了一种集体主义价值观念。首先，集体主义价值观念要求人们注意长幼尊卑，即无论是对于国家而言，还是对家庭而言，都要尊重长者。其次，集体主义价值观念要求人们以集体为重，即当个人利益与集体利益发生矛盾时，应该以集体利益为重。最后，集体主义价值观念要求人们处理好人际关系，即彼此之间应该相互体谅、关心、包容。对待亲人和朋友时，都应该以真诚的态度，只有对他们真诚，才能收获同样的真心。

而西方倡导的是个人主义观念。在意识和权利上，西方人追求的是平等、自由、民主。在个人主义观念的引导下，他们认为个人权利是不能侵犯的，因此在进行交际的时候也更加注重个体的权利，尤其不容别人侵犯个人的隐私问题，如个人的收入、年龄等。

（五）思维方式差异对翻译的影响

在各自的环境中，中西方形成了各自独特的文化，而文化所形成的思维意识也出现了千差万别的情况。

中国人往往会运用形象思维方式来描述和表达某个事物和现象。而相比之下，西方人则习惯使用抽象的思维来表达和描述。这体现在用词上就是，汉语中多为具体的词语，而英语中多为笼统、概括的词语。例如：

Is this emigration of intelligence to become an issue as absorbing as the immigration of strong muscle?

知识分子移居国外是不是会和体力劳动者迁居国外同样构成问题呢?

在该例中，原文中的“intelligence”一词本义为“智力，理解力”，“muscle”本义为“肌肉，体力”。但是如果直译成这两个意思，那显然不合逻辑，因此就需要将这些抽象名词做具体化的处理，使其符合汉语的表达习惯，这样汉语读者就容易理解了。

（六）社会礼仪差异对翻译的影响

中国人见面时往往会问及对方的年龄、姓名、收入等，但是西方人对这些是比较反感的。中国人遇到熟悉的路人常会寒暄“吃饭了吗？”“去哪里了？”“要去上班吗？”之类的话，这些在中国人看来也就是一个打招呼的形式而已。但是，在西方人眼中会被认为是在过问私事，如果说成“Have you had your meal？”则可能被误解成你要请他吃饭。西方人见面常说的是“Hello!”“How do you do!”等。

面对别人的赞扬，中国人往往会说“哪里”“惭愧”等谦虚类的词语，但是西方人则明确地接受别人的表扬，直接说“Thank you!”。中国人使用“谢谢！”一词的机会也明显要比西方人少很多，尤其是非常亲近的家人和朋友间是不需要说这个词的。即使说了，也会被家人或者朋友认为是见外的。

（七）意识形态差异对翻译的影响

意识形态并不是一个具体的物质，但是我们不能认为它并不存在，其依然存在，并可以在其达到某种特定的目标时用固定的语言形式来表达。意识形态是抽象的，甚至可以包含所有与翻译相关的政治语篇。也就是说，意识形态既可以是社会文化的，也可以是政治的，这些意识形态都包含自己的视域，并且在自己的视域下，它们都有其自身特定的理想，或者是鼓励支持，或者是抵制威胁。

如果一些事物没有遵循特定的社会文化，那么社会文化必然不允许其存在；如果一些事物与特定的政治制度不符，那么该政治制度也不会允许其存在。在某些国家，如果目标读者群体认为某些内容是淫秽的或者是不道德的，那么这些内容必然会被禁止传播或者翻译。

例如，在某个社会被认为是可以自由谈论的话题，在另一个社会可能被认为是亵渎行为，这就是由于意识形态的不同导致的。例如，古罗马诗人奥维德写的《爱的艺术》一书，著名作家克里斯托弗·马洛进行了翻译，但是翻译的作品在1599年被禁。到了1930年，美国海关仍然禁止该译作，并进行收缴，因为在美国人眼中，该书中含有情色方面的内容。

第三节　跨文化交际视角下的英语翻译策略

文化差异的翻译策略多种多样，但是无论采取哪种翻译策略，都是为了更好地传译源语文化。为了对文化差异下的翻译策略有更具体、更清晰的认识，下面将从以下几种归类对其翻译策略进行探讨。

一、传统型翻译策略

（一）直译策略

在对文化词汇进行翻译时，直译策略是最基本、最传统的翻译策略。如果仅仅采用直译策略就能将源语文本的文化内涵传达出来，那么采用直译策略最佳。

（二）意译策略

在对英汉文化词汇进行翻译时，如果在目标语言中找不到确切对应的文化词汇，或者采用注释等方法也不能很好地传递源语的信息，可以进行适当的转变，采用意译策略进行翻译。

（三）音译策略

音译又被称为“转写”，这种翻译策略就是用一种文字符号来表示另一种文字符号的过程或结果。在翻译实践中，音译策略也得到了很好的运用。运用音译策略有利于将一些具有特殊文化特色的词语“移植”到译语文化中去，从而使其逐步为译入语读者所了解并欣然接受，同时还有利于促进跨文化语言交际活动的有效进行。

（四）音译 + 注释策略

对于一些文化特色非常明显的词语，在目的语中找不到对应的表达，通常可采用音译加注释的翻译策略。

二、实践型翻译策略

随着全球化、信息化时代的逐步推进，翻译实务也呈现出面广量大的特点，翻译技术得到了飞速的发展，翻译的新实践也呈现出日新月异的状态，花样翻新的实践型翻译策略从翻译实践中凸显出来。这种类型的翻译策略并不单单隶属于哪个特定学派或某一系统理论，但是对提升翻译效果非常有帮助。下面就结合实践型翻译策略在翻译中的运用进行具体分析。

（一）零翻译策略

零翻译策略是一种客观存在的比较新颖的翻译策略。相比于传统意义上的直译、意译、音译等翻译策略，这种翻译方法具有省时、简便、节省空间等优点。在翻译中，恰当地使用零翻译策略，对促进本民族语言和文化的发展有着非常重要的作用和意义。例如，iPad 等词语的运用就是非常典型的实例。这样一来，不仅能确保原科技术语的准确运用，而且有利于目的语读者对这一文化事物的接受和传播。类似的例子还有很多。再如，买 DVD（买一台数字激光视盘）、查一下 DNA（查一下脱氧核糖核酸）、做 B 超（做 B 型超声诊断）等。

（二）深度翻译策略

深度翻译策略又称为“厚重策略”，这一策略具体根据阿皮尔所提到的借助各种注释、评注将文本置于丰富的语言文化环境中的翻译。这一翻译策略也适用于翻译任何其他含有较多解释材料的作品。所添加的注释、评注主要是用来让读者更好地理解异域文化中人们思考问题和表达问题的方式。

三、文化学派的翻译策略

文化学派的研究者主要是对文化的渊源进行研究，此学派的翻译观点认为，翻译应同政治、经济、文化、社会意识形态等多种文化因素相联系。下面就结合几种比较典型的文化学派的翻译策略进行探讨和分析。

（一）文化移植策略

具体而言，文化移植策略指的是将一个民族特有的文化现象以其本来面目移植到另一个民族的文化空缺里。这种翻译策略对增强两个不同民族文化间的相容性非常有帮助。例如，在翻译“亚洲四小龙”时，为了有意规避 dragon 一词在西方文化中的“怪物”“残暴”之意，通常将其译为 Four Tigers of Asia，避讳使用 dragon 一词。

（二）文化改写策略

改写翻译策略通常是将目标语言中现成的妙语加以改造并用来翻译原文的方法。例如：

Anger is only one letter short of danger.

[原译] 生气离危险只有一步之遥。

[改译] 忍字头上一把刀。

本例中，原译和改译均没有错误，但是相比之下，改译的版本更佳，不仅保留文字游戏的风格，而且保留了原文的含义。

（三）文化置换策略

在翻译过程中，如果在目的语中找不到对应的词语，可采用文化置换策略进行翻译。也就是说，尽量使用语义相似或者对等的词语对其进行替换。例如：

lead a dog’s life 过着牛马不如的生活

to teach fish to swim 班门弄斧

to have one foot in the grave 风烛残年

牛饮 drink like a fish

拍马屁 kiss somebody’s ass

胆小如鼠 as timid as a rabbit

挥金如土 spend money like water

（四）文化对应策略

文化对应策略主要是运用西方文化中人们熟知的事件或者人物对汉语文化中的内容进行解释。例如，用西方文化中的“罗密欧与朱丽叶”阐释汉语文化中的“梁山伯与祝英台”；用西方文化中的“威尼斯”阐释中国的江南水乡“苏州”；将“济公”比作“罗宾汉”等。其中浙江兰溪的济公纪念馆中有这样一句话：

济公劫富济贫，深受穷苦人民爱戴。

在对本句中的“济公”进行翻译时，将其译为“Ji Gong，Robin Hood in China robbed the rich and helped the poor”，这一翻译就很好地采用了文化对应策略。这样一来，更加有利于译入语国家人们理解。

（五）归化翻译策略

归化翻译策略是一种要求译者向译语读者靠拢的翻译策略。运用这种策略进行翻译有利于最大限度地消除由于文化差异而带来的误读，有利于读者更好地理解源语文化。例如：

All right，now that we have covered the social amenities，let’s talk turkey about what really happened.

好吧，大家既然寒暄已毕，那就让咱们来认真坦率地讨论实际发生的事情吧。

在对本例进行翻译时，“talk turkey”为“说火鸡”之意，但是如果这样直接翻译，会让目的语读者感到很茫然，译文在进行翻译时，将其译为“坦率地”更加贴切。归根结底，归化翻译策略是将原文本土化，采用目的语语言的表达方式进行翻译，将原文语言转化为本土化的语言，不仅有利于目的语读者更好地理解原文内容，而且有利于增强译文的可读性。

（六）异化翻译策略

异化翻译策略是在翻译的过程中，保留原文的异国情调，迁就原文的内容，并吸收原文的表达方式向原文读者靠拢。在文化差异翻译中，运用这一策略有利于更好地传达原文的意向和文化内涵。例如：

Some politicians are always calling for an eye for an eye and a tooth for a tooth when they hear of a terrible crime.

一些政客，当他们听到一个可怕的罪行时，便一直要求以眼还眼，以牙还牙。

本例中的“an eye for an eye and a tooth for a tooth”这一表达出自《圣经·旧约·申命记》，在翻译时将其译为“以眼还眼，以牙还牙”就采取了异化翻译策略，很好地保留了原文的文化特色，同时也便于目的语读者对圣经中的典故有更好的理解。

（七）归异结合策略

尽管归化翻译和异化翻译在具体运用时各有侧重，但是这两种翻译方法并不是绝对对立的，如果将这两种翻译方法有机地结合起来，有时能收到更好的翻译效果。例如：

半年之后他回到家里来，腿也直了，辫子也不见了，他的母亲大哭了十几场，他的老婆跳了三回井。

When he came home half a year later，his legs were straight and his queue had disappeared. His mother wept bitterly a dozen times，and his wife tried three times to jump into the well.（The stiff-legged stride of many foreigners led some Chinese to believe that their knees had no joints.）

本例中“跳井”指的是在古代和旧中国一些“贞妇烈女”的传统自杀方式。在这一文化现象之后其实隐藏着封建礼教对妇女的长期的精神毒害，并且这一表述是源语文化中的专有概念。很显然，杨宪益的翻译版本并没有进行异化处理。同时，源语中的“辫子”（在清朝被看成男人的标志和命根子）的消失也是一个源语文化的专有项，此处译者也仅仅进行了归化处理。

相应地，译者却理解了“腿也直了”所蕴含的文化内涵，于是在翻译时加了脚注进行异化补偿。总体来说，这一翻译采取了归化和异化结合的方式。

四、条件型翻译策略

比较常见的条件型翻译策略主要有改写翻译策略和解释型翻译策略。

（一）改写翻译策略

改写翻译策略是通过某种方式对源语文本进行重新解释，并在翻译过程中受到译者意识形态和目的语文化占主导的诗学的制约，因而会在某种程度上改变源语文本的思想内容甚至意识形态。为了对这一翻译策略有更好的理解和认识，下面就结合典型例子进行分析。

（贾雨村）虽才干优长，未免有些贪酷之弊；且有恃才侮上，那些官员皆侧目而视。

But although his intelligence and ability were outstanding，these qualities were unfortunately offset by a certain cupidity and harshness and a tendency to use his intelligence in order to outwit his superiors；all of which caused his fellow-officials to cast envious glances in his direction.

（霍克斯译）

本例在翻译时，充分考虑了中西民族文化性格的差异，中国古代崇尚内敛的个性，西方民族则崇尚张扬的个性。霍克斯在翻译时，将“恃才侮上”改写翻译成了“intelligence”和“outwit”，将“侧目而视”改写翻译成了“cast envious glances”，使中西方文化道德取向的差异鲜明地呈现出来了。

（二）解释型翻译策略

解释型翻译策略是从译入语的角度要求译文得体、语言流畅，为了便于译入语读者的理解，适当地对原文特有的文化现象和必要的背景信息进行解释，使其通俗易懂、可读性强。

第四节 英语翻译中的跨文化意识研究

跨文化指的是不同民族文化之间的交流与对话。随着经济全球化及社会活动的全面发展，世界各国之间的跨文化交流也越来越频繁，很多有着不同文化背景的人们之间相互交流的趋势也在不断加强，而在这个过程中，语言就成了他们进行交流和沟通所必需的工具。由于语言和文化的关系通常是密不可分的，而语言又是文化的重要组成部分和突出的表现形式，因此可以说语言就是文化的载体。反过来，各民族的不同文化又深深地植根于不同的语言之中。

人类的文化交流有着悠久的历史，它从语言的产生到现在，一直通过语言来进行，而不同的文化之间进行交流（跨文化交流）就必须通过翻译来实现。如果没有翻译，跨文化交流也就不可能实现。作为跨文化交流的桥梁，翻译在信息传递的过程中起着非常重要的作用。

跨文化意识作为跨文化交际研究的重要内容之一，是指外语学习者对于所学习的目的语文化具有较好的知识掌握能力和较强的适应能力与交际能力，能像目的语本族人一样来思考问题并做出反应，以及进行各种交往活动。或者说，跨文化意识指的是外语学习者在跨文化交际中所特有的思维方式、判断能力以及对交际过程中不同文化因素的敏感性。在交际过程中，参与者具备这种意识就会受到启发和指导，而不受文化差异的负面影响。在无具体交际事务时，它仍然能够对学习者的学习和思考起着引导作用。

虽然翻译人员非常重要，但是如果译者对语言所承载的文化不甚了解，也就不能准确无误地表达出原文所要表达的意思。因此，多数的译者会在跨文化交际中促使自己自觉或不自觉地形成一种认知的标准和调节方法，也就是形成一种跨文化意识。也就是说，跨文化意识是译者所特有的判断能力、思维方式以及在交际过程中对文化因素的敏感性。

还有学者认为跨文化意识是人们在进行文化交际中，参与者对文化因素的敏感性认知，他们通常认为跨文化意识分为以下四个层次。

①对那些被认作怪异的表面文化现象的认知。

②对那些与母语文化相反而被认为是不可思议又缺乏理念的显著的文化特征的认知。

③通过分析从而取得对文化特征的认知。

④从异文化持有者的角度感知异文化。这个层次是跨文化意识的最高境界，参与者必须具备“移情”和“文化融入”这两种能力。

移情就是说译者不但要克服语言上的障碍，还要克服文化上的障碍，要能够设身处地地体会别人的际遇。文化融入指的是译者要在充分认识文化差异的基础上，全面了解与原文有关的历史、社会、文化、地理及其他相关知识，进而可以让原文所承载的社会、文化信息等在翻译中得到恰当的体现，也就是要从对方的文化背景上观察和思考问题。从这一点来说，译者是否具有跨文化意识或者这种意识的强弱将直接影响到译文的质量。

考虑到不同文化背景的人所习惯的表达方式各有差异，译者除了要具备扎实的基本功之外，还要努力提高自己对文化差异的敏感性，结合自身的判断理解，正确、恰当、忠实地表达出原文所要传达的意图。这种能力和意识的培养对于译者是十分重要的。

跨文化意识的有无或程度的强弱直接影响着交际的质量。众所周知，英语目前已基本上成为一种跨国界的通用标准语言，然而，不同民族文化的交际者在使用英语进行交际时，在语用习惯上仍存在很大差别。因此，参与交际的英语学习者在具体的场合应做到“量体裁衣”。

第四章 跨文化背景下英语翻译的常用方法研究

第一节 增译法与减译法

一、增译法

为了使译文忠实地表达原文的意思与风格并使译文合乎表达习惯，必须增加一些词语，这就叫增词法或称为增译法。增词法是非常重要的一种翻译技巧，指在翻译时按意义（或修辞）和句法的需要，增加一些词来更忠实、通顺地表达原文的思想内容。金兵认为增词有六种主要用途：①增词用于补足原文的语气；②增词以使概念更加明确；③增词以理顺上下文的逻辑关系；④增词以符合汉语搭配习惯；⑤增词以揭示深层意义；⑥增词为了节奏和音韵的需要。

（一）增加相同的词语

如果增加相同的词语，可称为重复法，即“在翻译中，有时为了忠实于原文，不得不重复某些词语，否则就不能忠实地表达原文的意思”。例如：

We have to analyse and solve problems.

我们要分析问题，解决问题。

英语一般尽量避免重复，而汉语中重复现象却是比较常见的。这里把“problems”译成两个“问题”符合汉语的表达习惯。

（二）增加不同的词语

更多的情况是增加不同的词语。例如：

① Much of our morality is customary.

我们大部分的道德观念都有习惯性。

这里，“morality”译成了“道德观念”，可以认为是增加了词语，使“morality”的意思具体化，显得更为明确。在英语中抽象名词使用的频率是很高的，但是，在将这些抽象名词翻译成汉语时，往往需要将它们具体化才符合汉语语言的表达习惯。而具体化的一种手段就是通过增词。

② As requested，we are sending you herewith our Proforma Invoice No. 190 in quadruplicate for shirts.

遵照你方要求，现随函附寄为订购衬衫开具的第 190 号形式发票一式四份。

在以上译文中，增加了“你方”，使意思更加明确，即明确指出了提出要求的一方。当然，若译成“贵方”则显得更为客气、礼貌。

③ Knowing the right way to handle business cards is a useful skill wherever you are.

知道名片的正确用法，不管到哪里都十分有用。

以上译文把“useful”译成“十分有用”，增加了“十分”这一副词。这样做符合汉语的表达习惯。

④买卖双方签订本合同并同意按下列条款进行交易。

This contract is made by and between the Sellers and the Buyers；whereby the Sellers agree to sell and the buyers agree to buy the undermentioned goods according to the terms and conditions stipulated below and overleaf.

以上是一般货物出口合同格式中典型的部分。汉、英表达不同。汉语简练，而英语更加细致、准确，在利益双方的关系上更加明确。从语言本身的特点看，介词是英语中最活跃的词类之一，英语句子十有八九都少不了介词。汉语中不需要介词的地方，英语中却常用介词。词语翻译时应该考虑到这一点。英译时体现出英语形合的特点，汉译时体现出汉语意合的特点。

二、减译法

减译法是指在翻译的过程中省略原文中那个自然的、必不可少的，但在译文中是多余词语的翻译方法。减译法是增译法的反面，即，翻译时不是增加词语而是减少词语，使译文更通顺。

首先，英译汉时，英语的代词和冠词往往需要省略。如以下两个英语句子的代词就可以省略不译。

① We look forward to hearing from you soon.

盼早日回复。

② It would be（highly）appreciated if you could send us your catalogue and samples.

如蒙寄来商品目录和样品，不胜感激。

其次，重复在汉语中较普遍，在英语中却尽量避免重复，“尽可能地避免重复是英语的一个特点”。例如：

③我们要培养分析问题、解决问题的能力。

We must cultivate the ability to analyse and solve problems.

汉语原文中的两个“问题”在英语译文中成了一个“problems”。对比：

④ We have to analyse and solve problems.

我们要分析问题，解决问题。

又如：

⑤经检查，我们非常遗憾地发现贵方传真通知的数量、船代理提供的装船数量，以及正本提单的数量和副本提单的数量都不一致。

译文一：Upon checking，we regret to find that there are discrepancies among the quantities stated in your fax，the quantities of the loaded goods reported by the ship agent and the quantities indicated in the original and duplicated bills of lading.

译文二：Upon checking，we regret to find that there are discrepancies of quantities among those stated in your fax，indicated in the original and duplicated bills of lading as well as of the loaded goods reported by the ship agent.

原文中有四个“数量”，在汉语中这种重复并不显得累赘，符合中文的语言习惯，但在汉译英时，如也译成多个表示“数量”的重复词语（如译文一），就显得啰唆，而译文二就克服了译文一这方面的问题。

最后，英语属于形合，注重句子的显性连接，汉语则属于意合，句子的连接没有英语那么明显。英译汉时就应多考虑减译法的运用。例如：

⑥ If winter comes，can spring be far behind?

冬天来了，春天还会远吗？

汉语译文中省略了 if 的意思，符合汉语意合的特点，即一般不用连词。

第二节　直译法与意译法

一、直译法

直译法指翻译时保留原文词语的指称意义，求得内容和形式相符的方法。

就词语翻译而言，如果原文词语本身具有明确的含义，且译语词语具有生命力的话，那么首选的翻译方法当然就是直译法。例如：

① I'm afraid the quotation is unacceptable.

恐怕你方的报价不能接受。

② The above offer is made without engagement.

以上报盘为虚盘（无约束力）。

③ He bid ￡1000 for the jewel.

他出价 1000 英镑购买首饰。

④我不知道贵公司的出口量这么大。

I don't know your company is exporting so much.

二、意译法

意译法是“指译者在受到译语社会文化差异的局限时，不得不舍弃原文的字面意义，以求译文与原文的内容相符和主要语言功能相似的方法”。

就词语翻译来说，当原文词语的最初意义与目的语中的对应意义差距较大，或直译词意义不甚明确，或不便于流行时，就需要用意译法。例如：

① It takes weeks to get through the red tape.

办完这些烦琐的手续得需要几个星期。

② This is our rock-bottom price

这已经是我们的最低价了。

第三节　正说反译法与反说正译法

正说反译法与反说正译法是指“在翻译实践中，为了使译文忠实而合乎语言习惯地传达原文的意思，有时必须把原文中肯定的说法变成译文中的否定说法，或把原文中的否定说法变成译文中的肯定说法”。同时也应考虑原来词语的含义是肯定的还是否定的。例如：

① The project is far from perfect.

这一项目很不完美。（正说反译）

② The bicycle is beyond repair.

这辆自行车已不能修理了。（正说反译）

③ It was beyond his power to sign this contract.

他无权签订这种合同。（正说反译）

④ This failure was the making of him.

这次不成功是他成功的基础。（正说反译）

⑤ I rode around with him one day seeing how the ships unloaded.

一天我和他乘车转了一转，看看船如何卸货。（反说正译）

⑥ All the articles are untouchable in the museum.

博物馆内一切展品禁止触摸。（反说正译）

当然，正说反译和反说正译也只是可能的翻译处理方法，并非总是绝对的。如“This failure was the making of him.”译成“这次失败是他成功的基础”也十分合乎汉语表达习惯。

第四节　异化法和归化法

吴静芬、唐德根认为，异化、归化与直译、意译不是属于同一范畴，直译、意译是翻译方法，但异化、归化属于翻译策略，并且异化不等于直译，归化不等于意译。

一、异化法

异化是指要保存源语的异国情调，“就是所谓洋气”，译文应以源语或原文作者为归宿，或者说以源语文化为归宿。例如：

① During the war，we bought rice，meat and many other things on the black market.

战争时期，我们在黑市购买米、肉及其他许多东西。

黑色在英语和汉语中的感情色彩相同，均常用作贬义词，与坏的和恶劣的事物联系在一起。“black market”就可以采用异化的方法，保留源语词语所附带的感情色彩。

与直译和意译一样，一个词可以通过归化或者异化的方法进行翻译。例如：

② It is as significant as a game of cricket.

译文一：这件事如同吃饭一样重要。（归化）

译文二：这件事如同板球赛一样重要。（异化）

词语翻译采用归化法还是异化法主要取决于译者观念。文学类文体的词语采用异化更好（以便于保留源语的文化），而应用类文体的词语采用归化更好。

二、归化法

归化是用译语文化中惯用的表达方式来转换源语，译文应以目的语或译文读者为归宿，或者说以目的语文化为归宿。例如：

① I need a new passport，but because of all the red tape，I won't get it in time for my holiday.

我需要一本新护照，但由于手续烦琐，我不能及时拿到去度假。

"red tape"从字面意义上表示"红色的带子"，其实是指以前的英国官方文件惯例上是用红色布带系成一扎一扎的，"red tape"的比喻意义由此而来。早在 17 世纪，"red tape"的本义"红色带子"就出现在英语中，但直到 19 世纪早期，这个说法才成为一个常见比喻，形容"官僚作风造成的延误"。例如：

② We have to cut through all of the red tape to quickly attain a goal.

我们必须跳过所有的繁文缛节，以便迅速实现目标。

又如，汉语数词成语"不三不四"在英语里没有对应的数词习语，如果非将数词译出而直译成"neither three nor four"很难让英语读者理解。这里的"三"和"四"并非实指，而是虚指"不伦不类"，而英语里的另一非数词习语"neither fish nor fowl"正表达了此义。所以翻译时可以采用归化方法，使译文相对忠实、准确、传神。

第五章　跨文化背景下中西翻译中的实例分析

中西方文化在各个方面都存在着显著的差异，有时在价值观念、风俗习惯等方面甚至有着相反的倾向。毫无疑问，语言和文化是分不开的，这也就决定了翻译离不开文化。中国的文化是源远流长、博大精深的，西方文化也是历史悠久、宽广浩瀚的。要想在一本书中全面分析中西方文化的差异与翻译是不可能的，因此笔者将从以下几个主要方面来对中西文化的差异和翻译进行具体的分析。

第一节　中西语言词汇的翻译

众所周知,汉语属于汉藏语系,英语属于印欧语系,两者存在着巨大的差异。这些差异在词汇上也必然有所表现。

一、中英词汇的分析比较

（一）中英词汇形态的分析比较

中英词汇在形态上有着明显的区别。从语言词汇的形态特征这一角度来看,汉语属于孤立性语言，因为汉语的每个词只由一个语素构成。尽管英语也偏向于孤立语，但与汉语相比，它更偏向于屈折性语言，又称“综合性语言”，即每个词可以通过词形的变化来表示意义或语法功能的变化。而屈折性语言中词汇的一个重要特征便是词缀丰富，因此派生词在英语中占有很高的比例。

英语这门语言是具有形态变化的，因此一个汉语词汇往往同时有多个不同形态或词性的英语单词与之相对应。例如：

跳舞/舞蹈: dance(动词或名词),dancing(现在分词或动名词),to dance(不

定式）

到达：arrive（动词），arriving（现在分词或动名词），to arrive（不定式），arrival（名词）

美：beautiful（形容词），beauty（名词），beautify（动词）

仔细：careful（形容词），carefully（副词），carefulness（名词），care（名词）

从上面的例子可以看出，英语词汇可以通过缀合法来构成不同的词类，但其根本意义不变。所谓“缀合法”，就是通过添加前缀、后缀而使词获得新的意义，成为新词。在英语中具有较强构词能力的词根有很多，而且构词的前缀和后缀也相当丰富，有时一个词根上还可以同时加上前缀和后缀，甚至加过第一层的前、后缀后还可以在这个词的基础上再加一层前、后缀，如 nation—national—international—internationalist 等。可以看出，英语词根就如同一个核心，加上不同的前缀或后缀，就如同蜘蛛网一样向周围扩大延伸。

用缀合法组词的现象在汉语中也同样存在，但与英语相比，其词缀数量要少许多，而且加缀并不十分固定，可以保存也可以删去，因此缀合法的应用并没有英语那么广泛。例如，前缀“老”可以加到“虎”前，成为“老虎”；后缀“子”加到“狮”的后面成为“狮子”。当要表示老虎啸、狮子吼的声音大而吓人时，就要说“虎啸”“狮吼”，此时“老”和“子”就要删掉。

显然，汉语词汇没有像英语词汇那样丰富的词形变化。因此，几个词根相同的英语单词可译为同一个汉语词汇。例如：

① Beauty is in the eye of the beholder.

美出自观者之心中。

② She is very beautiful.

她很美。

③ She dances beautifully.

她的舞姿很美。

相应地，在不同的语境中一个汉语词汇往往可以翻译成同一词根不同词类的英语单词。例如：

④耳闻不如一见。

译文一：Seeing is believing.

译文二：To see is to believe.

译文三：I wont believe anything until I see it.

⑤他来了，我很高兴。

译文一：He arrived， which delighted me.

译文二：His arrival delighted me.

译文三：His arriving delighted me.

（二）中英词汇语义的分析比较

"在所有语言中，意义都是相同的，语言之间的差异仅仅在于语义形式上。这种观点是错误的。事实上，我们把生活经验变成语言，并给语言加上意思，是受了文化的约束和影响的，而各种语言则由于文化的不同而有所区别。在一种语言中存在的语义在另一种语言里可能并不存在。"

中英两种语言背后存在着十分显著且巨大的差异，它们的词汇系统之间很少出现语义一一对应的现象。英国语言学家利奇把最广义的意义划分为 7 种不同的类型：外延意义（即概念意义）、内涵意义、风格意义、情感意义、联想意义、搭配意义和主题意义。除了主题意义外，其他意义都与词义有着密切的关系。词汇的概念意义是词汇的基本意义，但并非唯一的意义。一般词典给出的意义都是词的概念意义，如"电脑""土地""花朵"在英语中分别为 computer、earth、flower，而它们的其他意义则未能全面反映出来。可以说，除科技词汇外，在英语和汉语中所有意义和用法都完全对等的两个词几乎是找不到的。下面笔者就分析比较下中英词汇的语义差异。

1. 词义特征各异

英汉词义有着各自独有的特征，下面我们就对此分别进行介绍。

（1）汉语词义特征

汉语词汇意义的主要特征集中地表现为形象鲜明、表意准确、言简意赅、辨析精细。虽然汉语以单字为本，但其搭配能力非常强，组词方式也是相当灵活的，有很强的语义繁衍能力，因此能够生成出丰富的词义。下面就以"生"为例来进行说明。

从"生"的基本词义来看，它可以表示与人的一辈子有关的概念，如生育、生长、生命、生平、生活；可以表示"学习者"，如学生、招生；也可以表示"不到位"或"不熟"的意思，如生字、生硬、生肉；甚至还可以作副词表示程度，或作副词后缀，如生怕、好生等。由其基本意义的延伸、扩散所构成的词汇也是十分丰富的，如生还、生计、生理、生病、实习生、放生、后生可畏、生搬硬套、急中生智等。在这一系列词汇中，"生"字又形成结构形式上的差异，甚至还可以形成一词多义的情况，如"生气"（既可表示"不高兴"，又可表示"有活力"）。可见，汉语词汇在构词方式上是非常灵活的，但在表意上是十分紧凑的。

（2）英语词义特征

英语词义一个最显著的特征便是意义灵活、丰富多变，这也就使得英语词义在很大程度上要依赖于上下文。如 parent 一词在英语中既可以指“父亲”，也可以指“母亲”。uncle 一词在英语中既可以指“伯父”“叔父”，也可以指“姑父”“姨父”“舅父”。

另外，一词多义也是英语词义的另一个显著的特征。一词多义在各种语言中并不是罕见的现象，而是相当普遍的，但这一现象在英语中表现得尤为突出。下面我们就以 story 为例来进行说明，以加强对英语词义特征的理解。story 一词在英语中的词义非常丰富，在不同的语境中有着不同的词义。例如：

① Oh，what a story!

哦，好个谎话。

② I don’t buy your story.

我不信你的话。

③ It’s another story now.

但这是另外一个问题。

④ To make a long story short.

长话短说。

⑤ Stories circulated first in Moscow.

流言起初是在莫斯科传播的。

2. 语义范围不同

即便是汉英语言中都有的概念，其语义范围也是不尽相同的。如汉语中的“打”字可以组成打人、打仗、打柴、打电话、打字、打酱油、打基础、打篮球、打工、打官司、打保票、打主意、打草惊蛇等词，这些词语中的“打”无法用英语对应词 hit 或 beat 来表达，而且英语中也很难找到与之语义范围相当的词。可见，汉语中的“打”字的语义范围要比英语中的 hit 和 beat 的语义范围宽广得多。再如：

①日服 3 次，每次 1 片。

To be taken three times a day one tablet each time.

②我在那里只住了 3 天，因为水土不服，又回来了。

I stayed there for only three days before I returned home， because I was not accustomed to the climate there.

③你说得有道理，我服了。

What you said is reasonable. I’m convinced.

④他不服指导。

He refused to obey directions.

⑤服兵役是每个青年的义务。

It’s the duty of every young man to serve in the army.

通过以上例子可以看出，在英语中很难找到一个语义范围和“服”相近的词。再如，汉语中的“实践”“经验”两词的语义范围也比英语中的 practice 和 experience 大得多。下面我们列举一些《邓小平文选》第三卷里的例子。

⑥总之，几年的实践证明，我们搞改革开放的路子是走对了。

Of course，our achievements in the last few years have proved the correctness of our policies of reform and opening to the outside world.

⑦这是中国从几十年的建设中得出的经验。

That is what we have learned from decades of development.

并非所有的汉语词汇的语义范围都要比英语词汇的语义范围广。如英语中的 kill 一词和汉语中的“杀”就相去甚远。例如：

⑧ The September 11 Incident was a terrorist act that killed over a thousand people in a twinkle.

“9 · 11”事件是一次恐怖主义行径，转眼间夺去了一千多人的性命。

⑨ It is reported that the robber armed with a pistol kills in cold blood.

据报道，那个持枪抢劫犯杀人不眨眼。

⑩ Three men were killed in the accident.

有 3 名男子在事故中丧生。

⑪ He is dressed to kill.

他穿得很时髦，十分吸引人。

⑫ They killed the proposal.

他们断然拒绝这个建议。

很显然，汉语中“杀”的语义范围要比英语中 kill 的语义范围小得多。英语中 kill 不仅可以表示“杀”，还可以表示很多其他的意义，而汉语中的“杀”则无法与之相比。

3. 内涵意义不同

无论在英语还是汉语中，许多词除了具有外延意义外，还具有内涵意义，即它们在人头脑中产生的某种联想。内涵意义不能单独存在，它必须附在其指称意义即概念意义之上。英语和汉语中有许多这样的词汇，如汉语中的“菊花”往往意味着高洁淡雅，但在一些西方文化中有着“死亡”的意义；中国人看到“荷花”一词可能会在头脑里产生“出淤泥而不染”的联想，而英语中的 lotus flower 则没有这种内涵意义。另外，英语中有许多词有着汉语所没有的文化内涵，如 individualism（个人主义）。在英语中，individualism 指的是一种社会学说，主张个人的价值和重要性在社会之上，这种学说在英语文化中广受欢迎。但在中国文化中，“个人主义”是指人际交往中一种以自我为中心的行为倾向和一种自私自利的心理取向，是汉语中一个极其贬义的词语。上述差异实际上是英汉民族对人与事物的不同态度或价值观在语言中的反映。

4. 风格、情感意义不同

风格意义，又称文体意义，与语言使用的社会环境有关，语言会反映出语言使用的社会环境的特征。谈话人之间的社会关系不同，他们使用的语言会不同。人们谈论的话题不同，所使用的语言特征也会有差异。如 home、abode、residence 和 domicile 的概念意义都是“家”“住所”，它们却在不同的场合使用。home 属于一般性的词汇，主要在人们日常的口头或书面交际中使用；abode 属于文学用语，主要用于诗歌中；residence 为正式用语，常用于书面的通知、说明、文告等；而 domicile 则是法律用语，主要用于法律文件中。

因历史和文化背景的不同，每种语言都有一部分词汇具有一定的社会意义和情感意义。所谓情感意义，是指语言使用者表露于语言中的感情与态度。例如，“龙”在中国文化中有着特殊的地位和意义，这一词汇包含着“唯我独尊”“至高无上”的含义，常常引申为“中华民族”的意思。dragon 一词在英语中不但没有“龙”在汉语中的意义，甚至还有“邪恶”的意义。又如，英语中的 propaganda 意为“宣传”，而“宣传”在汉语中属于一个中性词汇，有时甚至带有褒义，但在英语中，常和当年纳粹的反动宣传联系在一起，带有贬义。

5. 联想、搭配意义不同

英语和汉语中有一些词汇本身并不具有特定的内涵，却很容易使人产生联想，从而联想到另一件事物。例如，“干杯！”一词以前常译为“Bottom up!”，但现在 bottom 一词很容易使人联想到“臀部，屁股”，因此现在基本上都译为“Cheers!”。

搭配指词汇在同一语境中共同出现。词汇不同，其搭配范围也不相同，即使词汇相同，但与不同的词搭配，其产生的联想意义也不相同。例如，汉语中的“副”字常与表示职务的词语相搭配，如副主席、副总理、副总裁、副经理、副团长、副教授、副厂长等。与汉语中的“副”相对应的英语词有 vice、deputy、associate、under。而这些词区分的不只是地位，还有其他方面的特征。每个词分别要与不同的词搭配，并且代表了不同的意义。英语文化需要这些词来区分地位、职责和其他方面的差异。而传统中国文化注重尊卑有序，地位上的差异掩盖了其他的差异，因此汉语只需要作为地位标志的一个“副”字。由此可见英汉词汇搭配意义的差异。

二、中英词汇翻译策略

正因为中英词汇之间的诸多差异，所以词汇的翻译不能达到一一对应的程度。词汇是否一一对应对于翻译来说一般是无足轻重的，但是词汇对应的正确与否，则直接影响译文的质量。要使译文忠于原文，达到“通顺”的标准，就需要掌握一定的翻译方法和策略。下面笔者就介绍一些常用的翻译策略。

（一）依据语境选择对等词

通常来讲，每种语言中每个词汇都有一个比较明确的基本含义，或称“概念意义”。但在不同的语境中，词义会随着语境的变化而变化，从而产生不同的含义。因此，要根据语境选择对等词。

在英译汉时，要将上下文考虑进去，这样才能做到准确的翻译。例如：

① As luck would have it，no one was hurt in the accident.

幸运的是，在事故中没有人受伤。

② As luck would have it， we were caught in the rain.

真倒霉，我们挨雨淋了。

可以看出，同样一个词“luck”用在了不同的语境中，却产生了截然相反的意义。又如：

③ I was like that ship before my education began，only I was without compass，and had no way of knowing how near the harbour was.

在我接受学校教育之前，就像那条船一样。只是没有罗盘，不知道港口有多远。

我们都知道，在字典中“near”一词的意思是“近的”，但在此句中如果译成“近的”就不贴切，只有译成“远的”才能将意思充分地表达出来。

在汉译英时也是一样的，要将词的上下文考虑进去。例如：

④小心碰头。

Mind your head.

⑤咱们下午在这里碰头，商量一下这件事。

Let’s meet and discuss it here.

⑥碰头求饶

to kowtow for mercy

以上三句中的“碰头”一词分别被译成了不同的英语单词，这也是由语境决定的。再如：

⑦请让我自己介绍一下。

Let me introduce myself.

⑧请你介绍一下经验好吗？

Would you please share you experience with us？

⑨服务员给我们介绍菜单上最美味的菜肴。

The waiter recommended to us the best dishes on the menu.

同样是“介绍”一词，因为不同的语境而译成了三个不同的动词。又如：

⑩红极一时

be popular for a period of time

⑪生意红火

prospering/ booming business

⑫红花绿叶

red blossoms and green leaves

⑬红颜薄命。

Beautiful women often have an unfortunate life.

（二）移植策略

在译文中直接借用原文的词语就是移植。移植策略可分为直接移植和音译。

1. 直接移植

直接移植就是在译文中将原文的词语原封不动地挪用过来，如常见的CD 唱盘、X 光片、卡拉 OK、发一份 E-mail、进入 WTO、Word 文件、股票ABC、NBA、CIA 等。这些夹杂在汉语中的英文单词就是直接移植过来的。直接移植多用于文字系统相同的两种语言之间的互译，如英法互译、日汉互译。

英汉词语混为一体使用的现象在科技翻译和新闻媒体中出现得比较多，文学翻译中则比较少见。例如：

①以前留学，大部分人是去攻读大学以上学位的；而现在，除了大学、硕士、博士外，攻读 MBA、短期学历、专业学历的也越来越多。

②上海飞仕娱乐有限公司坐落于徐汇区嘉善路 253 号，是集 KTV、DISCO 为一体的大型娱乐场所。

③携带 Visa 国际卡在国外旅行时，有几点小窍门供您参考。

直接移植的使用范围是比较有限的，并不是所有的都可以直接移植，因此使用的时候要慎重。例如：

④ She struggled up at the count of eight，then beat on Bill until the referee stopped the fight for a third-round TKO.

在裁判数到 8 的时候她挣扎着站了起来，然后向比尔发起反击直到裁判叫停，她在第 3 回合以 TKO 取胜。

⑤ Women garner better ratings than men on ESPN.

女子比赛在 ESPN 播出时比男子比赛获得更高的收视率。

如果没有上下文，“TKO”和“ESPN”是很难理解的，因此这两个缩略词不应直接移植过来，而应分别译为“击倒”和“ESPN 电视台”。

2. 音译

用一种语言文字写出或读出另一种语言的词或词组的发音即为“音译”。英汉互译时，如果不能按照意思译出，可采用这种移植方法。

（1）适用范围

①在翻译人名时，几乎都可以采用音译。例如：

Mike 迈克

Dewey 杜威

曹雪芹 Cao Xueqin

鲁迅 Lu Xun

②大部分地名也可以采用这种方法进行翻译。例如：

New York 纽约

London 伦敦

Australia 澳大利亚

北京 Beijing

上海 Shanghai

南京 Nanjing

③对于一些译入语中原来没有的事物，也可以采用这种方法。例如：

Dink 丁克族（指双收入无子女的家庭）

logic 逻辑

hippie 嬉皮士

饺子 jiaozi

功夫 kung fu

麻将 mahjong

（2）常用的方法

①包含表示地理类别的普通名词的地名，其中普通名词需要意译。例如：

the Suez Canal 苏伊士运河

the Gulf of Mexico 墨西哥湾

the Philippine Islands 菲律宾群岛

中华人民共和国 the people’s Republic of China

江苏省 Jiangsu Province

北京市 City of Beijing

②可在音译词后加上一个表示类属的范畴词。例如：

ballet 芭蕾舞

waltz 华尔兹舞

sardine 沙丁鱼

金华 Jinhua City

花雕 huadiao wine

③约定俗成。例如：

New Zealand 新西兰（不译成“纽西兰”）

Bernard Shaw 肖伯纳（不译成“伯纳·肖”）

孔子 Confucius（不译成 Kongzi）

香港 Hong Kong（不译成 Xianggang）

④在翻译中也有音译和意译互不相让、僵持不下的情况，因此有时同时使用音译和意译。例如：

microphone 麦克风 / 扩音器

vitamin 维生素

武术 wu shu/ martial arts

太极拳 taijiquan/shadow-boxing

（三）增词与减词

如前所述，英汉两种语言在词汇上有着很大的差距，如英语有词形变化，而汉语没有；英语常大量使用连词、介词、关系代词等，而汉语则没有。因此，要正确译出原文的含义，必然要增减词汇，此时就要运用到增词法和减词法。

所谓“增词法”，就是在原文的基础上添加必要的单词、词组、分句或完整的句子，从而使得译文在语法、语言形式上符合译文习惯，在文化背景、词语联想方面与原文一致，与原文在内容、形式和精神三方面都对等。“减词法”是指翻译时为了使译文简洁、通顺，把原文中有的而译文不需要的词语省略掉。在采用增词法时要注意增词不增意；在采用减词法时要注意，减词不能减掉原文的内容。

下面笔者就分情况来进行说明。

1. 语法上的增减

根据语法需要有时需要增减冠词、代词、关联词、介词或语气助词。下面笔者就分别举例说明。

（1）冠词的增减

汉语没有冠词，而英语除了抽象、专有和物质名词外，其他名词前一般都有冠词。因此，英译汉时，定冠词可以译成“这”或“那”，一些不定冠词可以译成“一个”，但有时冠词也可省略不译。在汉译英时，一般要根据行文需要增加适当的冠词，以使译文在语法上正确。例如：

① When the visitors left，Einstein made no reference to the meetings.

客人离开后，爱因斯坦对这次会议只字不提。

②原子是元素的最小粒子。

An atom is the smallest particle of an element.

（2）代词的增减

英语中多使用代词，而汉语中代词的使用远不如英语使用得频繁，因此英译汉时，很多代词可以省略，而汉译英时则需要根据具体情况增加一些代词。例如：

① In order to get a great amount of water power， we need large pressure and current.

要得到巨大的水力，就需要高水压和大水量。

② In the giraffe’s neck，there are lots of muscles that flex and relax repeatedly as the animal moves its head and sucks up drinking water.

长颈鹿移动头部喝水时，脖子里有很多肌肉会反复地收紧和放松。

③活到老，学到老。

No one is too old to learn.

④没有调查就没有发言权。

He who makes no investigation and study has no right to speak.

（3）关联词的增减

英语注重形合，词、词组和句子之间常需要连接词进行衔接。与英语相比，汉语更依赖意合手段来连接词语与句子，所以较少使用连接词。因此，英译汉时，有些关联词可以省略不译；而汉译英时，则要增加适当的关联词。例如：

① Even if you go there，there won't be any result.

[原译] 即使你去了也不会有什么结果。

[改译一] 去也不会有什么结果。

[改译二]（你）去也白去。

② The wind was so strong that he found it difficult to keep on his feet.

[原译] 风如此之大，以致他发现站住脚很困难。

[改译] 风太大了，他感到很难站稳。

③虚心使人进步，骄傲使人落后。

Modesty helps one to go forward whereas conceit makes one lag behind.

④短波发射出去，遇到障碍就反射回来。

When short waves are sent out and meet an obstacle they are reflected.

（4）介词的增减

英语中含有大量的介词，而汉语中的介词数量远不及英语。因此，英译汉时很多介词可以省略，汉译英时则需要根据具体情况增加介词。例如：

① I get positively angry with the impertinence of it and the everlastingness.

这么鲁莽无礼，没完没了，真让我生气。

② 1976 年 7 月 28 日，中国唐山发生了大地震。

On July 28，1976，a big earthquake took place in Tangshan，China.

（5）语气助词的增减

在汉译英时，语气助词一般要省略，而英译汉时则需根据具体语境增加一些语气助词。例如：

①真的呢，再没有比儿童的面孔更好看的花了。

It's true. No flowers are lovelier than children's faces.

② What did being a woman in such an environment mean?

在这种环境中做一个女人意味着什么呢？

2. 修辞上的增减

有时，如果按字面意思逐字翻译，会使得译文有些呆板，为了使译文传神地表达出原文的意思，则需要增加一些词语。这一点在英译汉时十分重要。例如：

① Quiet and shy he was never more comfortable than when at his workbench.

他生性沉静而腼腆，只有坐在工作凳上时他才最为自在。

有时，逐字翻译也会使得译文显得臃肿、累赘，为了使原文简洁、紧凑，有必要将某些词汇省略。例如：

② He licked a finger and pushed at the pages of the notebook.

他舔了舔手指，掀起他那个笔记本。

③他的家里很穷，但是他从小就认真读书，刻苦学习。

His family was very poor，but he worked hard at his studies even in early childhood.

3. 语境上的增减

原文可根据上下文提示而将一些内容省略，但翻译时则需要采用增词法将省略的内容明确化，以使译入语读者更加明白原文的意思。但有时，原文中的一些词语在译文中可通过上下文语境推断出来，此时可将这些词语省略不译。例如：

① Here nearly 48 million people live in an area only slightly larger than Maryland.

将近 4800 万人生活的这块地方只比美国马里兰州略大一点。

②她忽然觉得心头一紧，不知怎么的就哭了起来，那是欢乐的泪水、满足的泪水。

She suddenly felt her heart tighten，and began to cry. They were tears of Joy，and of satisfaction.

（四）词类转换

词类转换法是英译汉和汉译英中都经常使用的翻译方法。所谓词类转换，是指翻译时在保持原文内容不变的前提下，改变原文中某些词的词类，以求译文通顺自然，合乎译入语的表达习惯。

1. 名词与动词的转换

汉语的一大特点就是动词用得比较多，除了动宾结构外，还普遍使用连动式和兼语式等结构。与汉语相反，英语句子中较少使用动词，一个句子通常只有一个谓语动词。因此，在英译汉时需将名词转换成汉语的动词，并相应地对其他句子成分进行调整；汉译英时，则需将动词转换成英语的名词，同样对其他句子成分做相应的调整。例如：

① The mere sight of blood makes Mary sick.

玛丽一看见血就恶心。

② Peter doesn't like Jack's participation in the activity.

彼得不想杰克参加这次活动。

③一打开开关，我们就可以看见一英里处正在发生的事情。

At the turn of a switch，we can see what are taking place a mile away.

当然，名词与动词的相互转换也有与上述相反的情况，英译汉有时要将动词转换成名词，汉译英有时也要将名词转换成动词。

2. 形容词与动词的转换

英语形容词往往具有动词的意义，尤其是表示感觉和情感的形容词。因此在英译汉时，需要把“系动词 +（表示感觉、感情等的）表语”结构中的形容词转换成相应的动词。汉译英时则相反。例如：

① I feel certain of his finishing the task on time.

我确信他会按时完成任务。

② We are always faintly conscious of the fact that this is a smallish island country.

我们常常隐隐约约地感到这是个小小的岛国。

③我越来越思念我的故乡，也越来越尊重我的故乡。

With the passing of days，I become more and more homesick and more and more respectful of my old home.

④他陷入了沉思，坐在一边不再发言。

He sat pensive and silent.

3. 名词与形容词的转换

英语中有许多形容词都有抽象名词的形式，而汉语中的形容词绝大多数没有名词形式。因此英译汉时，英语中的这类名词可以转换为汉语中的形容词；而汉译英时，汉语中的形容词可以转化为英语中的名词。例如：

① The warmth as well as the rain of this winter made the wheat grow very well.

今年冬天很暖和，雨水也很多，使小麦长得很旺盛。

② The fresh air after the rain gave one a feeling exceptional coolness and comfort.
雨后空气清新，使人感到格外凉爽、舒畅。

4. 副词与形容词的转换

英汉互译时，副词和形容词之间往往可以相互转换。例如：
① The thief made a trembling confession of his wrongdoings.
那个窃贼颤抖着交代了自己干的坏事。
② Traditionally，there have been very good relations between the two countries.
两国之间有着传统的友好关系。
③那以后，他们过着很幸福的生活。
From then on，they lived very happily for the rest of their lives.
④父亲因为事忙，已说定不送我，叫旅馆里的一个熟悉的茶房陪我同去。他再三嘱咐茶房，甚是仔细。

As father was busy he had decided not to see me off and he asked a waiter we knew at our hotel to take me to the station，giving him repeated and detailed instructions.

第二节　中西语言结构的翻译

一、形合与意合

形合与意合的差异可以说是英汉两种语言在结构上最基本、最主要、最根本的差异。奈达认为，从语言学角度来说，汉、英语言之间最重要的区别特征莫过于形合与意合的差别。刘宓庆指出，形合与意合是汉英语段间的“异质特征”。

形合与意合是语言组织法，是语言连词成句的内在依据。形合和意合的概念有广义和狭义之分。广义上的“形合”包括显性的语法形态标志和词汇两种形式手段，指一切依借语言形式和形态手段完成句法组合的方式，包括语汇词类标记、词组标记、语法范畴标记、句法标记、分句与分句之间的句法层级标记、句型标记、句式标记等。而狭义上的“形合”仅指词汇手段，即语言中词与词、句与句的结合主要凭借关系词和连接词等显性手段。广义上的“意合”指不借助形式手段来体现词语之间或句子之间的意义或逻辑关系，而狭义上的“意合”只指句子层次上的语义或逻辑关系。

实际上，就自然语言而言，并没有完全的形合语言和意合语言，只是某一种语言侧重于哪一方面罢了。许多中外学者经过研究认为，英语是形合特征明显的语言，汉语是意合特征明显的语言。

英语是重形合的语言，“造句注重形式接应，要求结构完整，句子以形寓意，以法摄神，因而严密规范，采用的是焦点句法”。正因为英语遣词造句时注重形式连接，因此其连接手段和形式十分丰富，包括介词、连词、关系代词、关系副词、连接代词、连接副词等。英语这些显性的连接词在相应的汉语句子中则没有或很少出现。例如：

① The rooms where in dozens of infants had wailed at their nursing now resounded with the tapping of nascent chicks.

这些屋子里，从前有许多吃奶的孩子哇哇哭叫，如今却回响着小鸡啄食的声音。

② His children were as ragged and wild as if they belonged to nobody.

他的几个孩子都穿得破破烂烂、粗野不堪，没爹娘似的。

与英语相比，汉语具有显著的意合特征，即“造句注重意念连贯，不求结构齐整，句子以意役形、以神统法，因而流泻铺排，采用的是散点句法”。汉语中，隐形的语法比重较大，也较少使用显性连接手段或连接词，句子各成分之间的逻辑关系主要靠上下文和事理顺序来间接显示，而在翻译为英语句子，则需要将连接词补上。例如：

③上梁不正下梁歪。

If the upper beam is not straight，the lower ones will go aslant.

④跑得了和尚，跑不了庙。

The monk may run away，but never his temple.

二、主语显著与主题显著

（一）英语的主语显著

在语言结构上，英语和汉语的另一主要区别就是“英语是主语突出的语言，汉语是主题突出的语言”。

在英语句子中，主句是一个十分重要的成分，对整个句子结构有着“牵一发而动全身”的作用。从语义上讲，英语的主语大致分为以下四类。

第一类，施事主语：“We caught a thief.”。

第二类，受事主语：“The thief was caught red-handed.”。

第三类，形式主语：“It rained heavily last night.”。

第四类，主题主语：“The book is very interesting.”。

其中，第一类和第二类是真正语义上的主语；第四类可视为主题；而第三类是形式主语，本身没有什么所指，但在形式上是不可或缺的。形式主语在句子中发挥着重要的作用：其一，使句子形态完整；其二，使句子保持平衡，防止句子“头重脚轻”。例如：

① I know it is difficult for you to persuade him out of the plan.

我知道你要说服他放弃那个计划是很困难的。

② It is well known that the compass was invented in China two thousand years ago.

众所周知，指南针是中国人两千年前发明的。

英语主语的另一个特点也应引起注意，即英语主语的物称倾向或称“非人称主语”。第一类是指有些英语句子使用表示抽象概念、内心感觉、事物名称或时间地点的名词来作主语，第二种类型是使用 it 一词。例如：

③ Years later，financial difficulty forced my high school close its doors for good.

几年后，迫于经济上的困难，我就读过的那所中学关闭了。

④ However，it is generally accepted among psychologists that most of us fail to do justice to ourselves.

然而，心理学家普遍认为，我们绝大多数人没有充分发挥自己的潜力。

（二）汉语的主题显著

从以上分析可以看出，英语注重主语，其句子通常是“主语 + 谓语”的结构。

汉语中也有类似的结构，例如，“他不能胜任那项工作”“今天我看病去了”等，但汉语中存在着大量的类似下面的句子：

①电影我喜欢看故事片，电视我喜欢看纪录片。

②这件事我现在脑子里一点印象都没有。

③拖了多年得不到解决的难题，他们终于在会上解决了。

很显然，上述句子既不是规范的“主谓宾”结构，也不是规范的“主系表”结构。实际上，他们属于“话题句”。话题句由话题和说明两部分构成。曾有学者统计，“主题—说明”这种句子结构在汉语中占有很大的比例，约有50%。

由上可知，主语和谓语是英语句子结构的两个栋梁，话题和评论是汉语句子结构的两个栋梁。

三、逻辑主轴与意念主轴

与上述形合、意合的特点相适应，英语在句子构成和连句成段上遵循着“逻辑主轴”这一基本原则，而汉语在句子构成和连句成段上遵循着“意念主轴”的原则。任何语言的句段都不能缺少逻辑和意念，但不同的语言对两者的侧重不同。英语的形合特征决定了英语注重逻辑。当然，汉语也讲究逻辑，但与句段所表达的意念相比，就没那么重要了。因此可以说，英语的“主轴”是逻辑，而汉语始终围绕着“意念主轴”。例如：

①重庆的夏天比北京热。

The summer in Chongqing is hotter than that in Beijing.

② The village of Marlott lay amid the north-eastern undulations of the beautiful Vale of Blakemore or Blakmoor aforesaid，an engirdled and secluded region，for the most part untrodden as yet by tourists or landscape painters，though within a four hours’ journey from London.

前面说过的那个美丽的布蕾谷或者布莱谷，是一处群山环抱、幽深僻静的地方，虽然离伦敦不过四个钟头的路程，但是它的大部分还不曾有过游历家和风景画家的足迹。马勒村就在它东北部那片起伏地带的中间。

四、逗号

逗号是英语和汉语中常用的标点符号，其形状是一样的，但在英汉两种语言中的用法有所不同。就标点符号使用的年代而言，汉语的标点符号只有一百多年的历史，相比之下，英语的标点符号的历史要悠久得多。古汉语是不用标点符号的，正因为没有标点，所以在文字交流时常常会闹出一些笑话或产生一些出乎意料的效果。例如：

古时候有人去访友，叙完旧情、酒足饭饱之后不但毫无去意还想再住一天，但又不好开口。这时恰逢天降小雨，客人便要来笔墨纸砚写下“下雨天留客”五个字，意思是“下雨，天留客”。主人看了便在后面加了“天留人不留”几个字，意思是“下雨，天留客。天留，人不留”。客人看后拿笔画了四个圈，将那十个汉字分成四句：下雨天 / 留客天 / 留人不 / 留。主人看完也只有摇头的份儿。

在现代汉语中，逗号用于停顿，表示一句话还没有结束。虽然汉语中逗号有其使用规则，但仍有较大的灵活性。而英语的逗号不尽相同，英语逗号的使用有严格的要求。鉴于逗号在英汉两种语言中使用上的不统一，因此翻译时要根据实际情况对源语的逗号进行恰到好处的处理。例如：

天快黄昏时落了一阵雪子，不久就停了。天气真冷，在寒气中一切都仿佛结了冰。便是空气，也像快要冻结的样子。我包定的那只小船，在天空大把撒着雪子时已泊了岸。从桃源县沿河而上这已是第五个夜晚。看情形晚上还会有风有雪，故船泊岸边时便从各处挑选好地方。

Towards dusk it started snowing，but soon the snow stopped. It was bitterly cold. In that glacial atmosphere everything seemed turned to ice， the air itself as if on the point of freezing. The small boat I had hired moored after the first flurries of snow fell. This was the fifth night of my trip upstream from Taoyuan. Because it looked as if we were in for a blizzard，the boatman had searched for a good anchorage.

第三节　中西篇章、句式的翻译

一、中西文化差异下的篇章翻译

（一）段内衔接

1. 省略

“省略”指为了避免重复而省去语篇中上下文已提到的某个成分。省略具有简化语言、突出信息、提高交际效率的作用。英语和汉语中都有省略现象。英语多按语法形式进行省略，汉语则多按上下文的意义进行省略。众所周知，英语注重形合，汉语注重意合，因此许多在英语里省略的部分，翻译成汉语时就不能省略，而汉语里省略的部分，翻译成英语时不能省略。

例如：

① A man may usually be known by the books he reads as well as [...] by the company he keeps；for there is a companionship of books as well as [...] of men；and one should always live in the best company，whether it be[...] of books or[...]of men.

要了解一个人，可以看他交什么样的朋友，可以看他看什么样的书，因为有的人跟人交朋友，有的人跟书交朋友，但不管跟人交朋友还是跟书交朋友，都应该交好朋友。

②所以每每在大雪中的黄昏里，[……] 围着暖炉，围着祖父，听着祖父读

着诗篇，看着祖父读着诗篇时微红的嘴唇。

On snowy evenings， we children often sat around the heating stove by grandpa，listening to him reading poems and watching his busy ruddy lips.

2. 重复与替代

“重复”指的是使用相同的词语呼应前文出现过的词语。“替代”指为了避免重复而用替代形式来取代上文中的某一个成分。英汉两种语言中都有重复和替代现象，但两者之间又有一定的差别。在英语段落里，往往由词语的替代来进行句与句之间的呼应，而在汉语段落里，句子之间的呼应通常是靠词语的重复来完成的。因此，英译汉时，原文替代的部分要用重复的手法翻译，而汉译英时，原文重复的词语要用替代的手法翻译。例如：

① I was aware that he was out to make things difficult for me. Therefore，bold and confident，I reached out my hand for the bundle. But，just as I had been doubly sure he simply wouldn’t let go of it.

我伸手去接包袱，我一点也不怕，我理直气壮，我明明知道他故意作难，正想把包袱接过来就走。猜得对对的，他并不把包袱真给我。

②尹雪艳着实迷人，但谁也没能道出她真正迷人的地方。尹雪艳从来不爱搽脂抹粉，有时最多在嘴唇上点着些似有似无的蜜丝佛陀；尹雪艳也不爱穿红戴绿，天气炎热，一个夏天，她都浑身银白，干净得了不得。不错，尹雪艳是有一身雪白的肌肤，细挑的身材，容长的脸蛋儿配着一副俏丽恬净的眉眼子，但是这些都不是尹雪艳出奇的地方。见过尹雪艳的人都这么说，也不知是何道理，无论尹雪艳一举手、一投足，总有一份世人不及的风情。别人伸个腰、蹙一下眉，难看，但是尹雪艳做起来，却又别有一番妩媚了。尹雪艳也不多言、不多语，紧要的地方插上几句苏州腔的上海话，又中听、又熨帖。有些荷包不足的舞客，攀不上叫尹雪艳的台子，但是他们却去百乐门坐坐，观观尹雪艳的风采，听她讲几句吴侬软语，心里也是舒服的。尹雪艳在池子里，微仰着头，轻摆着腰，一径是那么不慌不忙地起舞着；即使跳着快狐步，尹雪艳也从来没有失过分寸，仍旧显得那么从容，那么轻盈，像一球随风飘荡的柳絮，脚下没有扎根似的。尹雪艳有她自己的旋律。尹雪艳有她自己的拍子。绝不因外界的迁异，影响到她的均衡。

Yin Hsueh-yen was genuinely bewitching，though no one could say precisely where her charm lay. She rarely bothered to put on makeup at most she might touch her lips with a little Max Factor now and then； so faint as to be barely noticeable.

Nor did she care to wear vivid colours. All through the summer when the weather was burning hot，she dressed entirely in silvery white，looking cool and fresh beyond words. Indeed she had lovely snow-white skin and a slender figure，with sweet exquisite eyes set in an oval face，but it was not these features that made her so extraordinary. Everyone who had ever set eyes on Yin Hsueh-yen said that，for some mysterious reason，every gesture of her hand and every movement of her fool held an alluring charm unmatched in all the world. While a yawn or a frown would have been unbecoming to others，in her it carried another kind of attraction. She spoke little：at crucial moments she might throw in a few words， ever so pleasant and soothing to ear，in her Soochow-accented Shanghainese. Some patrons who could not afford to have her at their tables came nevertheless to the paramount just to enjoy her radiant presence and listen to her soft Soochow speech，which seemed to make it all worthwhile. On the dance floor，her head slightly raised，her hips gently swaying，she always danced unhurriedly；even when it was a quick fox-trot， she never let go of herself displaying the ease and the suppleness of a windblown catkin drifting along，free of roots. Yin Hsueh-yen had her own rhythm；she moved to her own beat. No outside disturbance could affect her natural poise.

上述例子中，以最后一例最为典型。在汉语原文中，专有名词“尹雪艳”重复出现了 15 次，而英语译文中只出现了 3 次。

3. 连接词和连词性词组

连接词和连词性词组是使用最为普遍的衔接手段之一。英语和汉语都有连接词和连接性词组，但汉语中使用的频率远低于英语。英译汉时，有的连接词和词组会被省略。例如：

① Kant was fond of talking，but preferred to talk alone，and if interrupted or contradicted was apt to show displeasure；his conversation，however，was so agreeable that none minded if he monopolized it.

康德特别喜欢聊，但他喜欢一个人说，如果有人打断或反驳，就会显得不快；但他的谈话总是令人愉快的，就是他一个人独说，也没人介意。

②女人发号施令的手段很高明，用的都是口气柔和的祈使句。但不管怎样，事无巨细都要男人效劳总是很不应该的。他对妻子总是百依百顺，我从未听到他有过什么不耐烦的表示，而且，我听得出来，他极其恭顺而温存，仿佛这么奴仆般地被老婆支使得团团转是一种享受似的。于是我猜测：他的妻子很漂亮，

因为大凡漂亮的女人都颇有些自命不凡，总把自己当作个高贵的公主。

The woman was very good at commanding her orders were all couched in soft-toned imperative sentences. However，it simply wasn't right，I thought，for her to ask her husband to do everything. But to these orders of hers， he never said a word of "No"，nor did he reveal any sign of impatience. On the contrary，his response showed that he was as meek as a lamb，seeming to regard it as a great pleasure to busy his head off for his slave master. Therefore I came to the conclusion that his wife must be a great beauty，for beautiful women without exception are stuck up，imagining themselves to be noble princesses.

（二）段际连贯

篇章翻译的另一个重要的方面就是要注意段落之间的衔接与连贯。所谓段际连贯，是指语言片段以语篇意向为主线所形成的语义上、逻辑上的连贯性，这种连贯性有的通过连接词来衔接，有的则按一定的时空、逻辑关系来贯通。因此，无论是英译汉还是汉译英，译者都应有篇章意识，站在篇章的高度，把握全局，切忌孤立地理解段落、句子和单词。例如：

① From the listless looks of some fellows trotters，I gather I am not alone in my unenthusiasm：Bill-paying，it seems，would be about as diverting. Nonetheless，we continue to jog；more， we continue to choose jog.

[原译] 从跟我一起跑步的一些人的无精打采的神情可以断定，缺乏热情的并非只是我一个人：看来，付账也差不多一样有趣。不过，人们还是坚持跑步；而且，还坚持非要跑步。

[改译] 从跟我一起跑步的一些人的倦怠神情可以断定，不喜欢跑的并非我一个人：看来，这比付账单也有趣不了多少。不过，人们还是坚持跑步；而且，还就情愿跑步。

原译将"unenthusiasm"译为"缺乏热情"，表面上看没有什么不妥，但会使读者感到困惑，而且"付账也差不多一样有趣"的逻辑也不通。

② If misery loves company，so do sports fans. Dr. Leon Mann documented this several years ago when，as a Harvard professor，he studied the long overnight queues for tickets to ball games in his native Australia.

"Outside the stadium something of a carnival atmosphere prevails，" he wrote in the *American Journal of Sociology*. "The devotees sing，sip warm drinks，play cards and huddle together."

Like the teams they had come to watch, the fans in line took timeouts. Some worked in shifts, with certain members leaving to take naps or eat meals, while others saved their places in line. Some staked claims in line with items of personal property such as sleeping bags and folding chairs. "During the early hours of waiting," Dr. Mann noted, "the queues often consisted of one part people to two parts inanimate objects."

如果说人们同病相怜，那么体育爱好者也是这样。几年前哈佛大学教授利昂·曼博士在其祖国澳大利亚对通宵排队购买球赛入场券的人群做了研究，并在他写的文章里描述了这种情况。

"体育馆外面呈现出一种狂欢节似的气氛，"他在《美国社会学杂志》上写道，"球迷们唱着歌，呷着热饮料，打着扑克，互相紧挨着，挤成了一团。"

就像他们要来观看的球队一样，排队买票的球迷们也有"暂停"的时候，有的相互倒班，一些人站在队里看着位子，换下别人去睡一会儿或去吃饭。有的则把睡袋、折叠椅之类的个人物件留在队里占位子。曼博士写道："排队等候的前几个小时里，队里常常是三分之一的人，三分之二的物品。"

上述例子中，第三段中的"the fans in line"没有简单地译成"排队的球迷"，而是加上了"买票"两个字，与第一段中的"排队购买球赛入场券"相呼应。并且，"waiting"也没有简单地译成"等候"，而是加上了"排队"二字，译成了"排队等候"，同样与前文相呼应。

（三）篇章语域

语域是篇章翻译中另一个不可忽视的方面。"语域"指的是语言因使用的场合、目的、交际关系等的不同而产生的变体。语域涉及书面与口头、正式与非正式、礼貌与粗俗等方面。好的译文除了将原文的意义译出外，还要将原文的语域特点表现出来。例如：

[示例一]

6th June，1999

Dear Sir,

While staying in your hotel in Brighton recently, I mislaid a necklace which, although of little intrinsic value, was a great loss to me, as it belonged to my late mother. I mentioned the matter to the manager of the hotel concerned (Mr. Perron), asking him to make enquiries. Several weeks later, I received a letter from him stating that the necklace had been found and asking me to "call in at my convenience" collect it.

Since then, I have written no fewer than four times to Mr. Perron, explaining that it is not at all convenient for me to travel two hundred miles in order to collect the necklace in person, and asking him to post it to me. I have received no reply to any of these letters. May I ask you to contact Mr. Perron and persuade him to send me my necklace as soon as possible?

Yours faithfully,

Mary Burton (Mrs.)

敬启者:

近日曾于布赖顿市下榻贵旅店，不知将一项链错放何处。项链本身无甚价值，但于我是莫大损失，因是先母遗物。本人曾向贵旅店经理（佩龙先生）提及此事，请代为查询。数周后接他一信，称项链已找到，嘱我"于方便之时前来"领取。

此后，曾去函佩龙先生不下四次，说明若亲自前往领取项链，需行程 200 英里，十分不便，故请代为邮寄舍下，这些信件均无回音。可否请您与佩龙先生联系，请其尽快将项链寄来？即颂

近安

玛丽 · 伯顿

1999 年 6 月 6 日

[示例二]

Friday

Dear Peter,

Sorry to trouble you, but I've got a bit of problem with that necklace I lost. They've found it but don't want to send it back—they expect me to come and I've written to their head office in London, but do you think there would be any chance of your picking it up for me next time you're in Brighton on business? If you can do it, phone me in advance so that I can authorize them to give it to you. You'd think it was the Crown Jewels, the way they're carrying on!

Best wishes,

Mary

彼得:

麻烦你一件事，我遗失的那条项链出了个小问题。他们已找到，但不愿寄

给我——让我自己去取，竟有这事！我已经写信到伦敦总店，但不知你下次到布赖顿出差时是否有可能代我取一下？如可行，事先给我个电话，我好授权让他们交给你。他们煞有介事，你准以为是凤冠霞帔呢！顺候

安好

玛丽

星期五

上述两例是两封信及其译文。可见，两封信为同一人所写，但是语气和正式程度有着明显的区别。第一封信采用了非常正式的格式，体现了写信人与收信人之间的陌生关系，而第二封信采用了非正式的格式，语气较为随意。译者认识到了两封信的区别，并在译文中恰当地体现了这种区别。又如：

收到 5 月 5 日来函，敬悉贵院已同意派出第一个研究小组，按我方前函所列项目或研究方向前来协助工作，十分感激。

Thank you very much for your letter of May 5th from which we are pleased to learn that your institute has agreed to send its first research group to help us in our programs or along the lines as outlined in our preceding letter.

这是一个汉译英的例子。原文使用了商务公函的正式语气，而译文也恰当地表达了这种正式的语气。

二、中西文化差异下的句式翻译

（一）代替与重复

上面已经提到，英语重替代，汉语重重复。在英语中，除修辞需要外，很少在句子中重复同一个词或结构，而在汉语中，重复现象却十分常见，这与中国的平衡与美学文化有关。因此，在英汉互译时应注意这一点。

英语中上文出现过的名词一般用代词来替代，而汉语则习惯重复名词。因此，英译汉时，重复出现的词或结构可用汉语的名词译出。反之，汉语中重复出现的词或结构可用英语的代词译出。例如：

①On its maiden voyage the duck zigzagged around the pond at a speed of thirty knots，which was three times faster than the maximum speed which the boats and ducks of the day had yet attained.

在首次航行中，鸭子以每小时 30 海里的速度在池塘里曲折前进，这个速度比当时的船和其他鸭子所能达到的最高速度还快 3 倍。

②我们先到梅雨亭。梅雨亭正对着那条瀑布；坐在亭边不必仰头，便可见它的全体了。

First we reached Plum Rain Pavilion. This stands opposite the waterfall, and sealed beside it you need not raise your head to see the whole cascade.

英译汉时，英语中的代动词及代动词词组常用重复法译成动词。而汉译英时，汉语中的重复动词或动词词组往往要译为英语的代动词或代动词词组。例如：

③ We all know that dogs and cats do not have histories while human beings do.

众所周知，狗和猫没有历史，而人类则有。

④ He thought that since ducks spend most of their days in water they should be made to do it efficiently.

他想，既然鸭子大部分时间都在水里度过，那就应该让它们过得有效率。

⑤ You should help him since you promised to do so.

你答应了帮助他就应当帮助他。

⑥革命是解放生产力，改革也是解放生产力。

Revolution means the emancipation of the productive forces, and so does reform.

（二）英语长句的翻译

何为英语长句？从语法上分析，这些句子常常是一个主句携带大量从句（或其他修饰语），使得英语句子冗长复杂，通常我们把带有这种现象的英文句子称作“英语长句”。英语属于“综合—分析”语，其句子主干突出，句子结构呈树式；而汉语属于典型的分析语，缺乏形态变化，句子结构犹如一根竹子，一节节连接下去。因此，在翻译英语长句时，要充分分析和体会长句的句法特点，在保留原文意义、语言特色的基础上，尽量使译文符合汉语的行文习惯，使译文不产生烦琐、拖沓的感觉。通常，英语长句可采用以下步骤进行翻译。

1. 分析

翻译句子，首先要对句子进行分析。要仔细观察句子的内部结构，弄清楚修饰成分与中心词之间的语法和逻辑关系，然后再从整体上理解长句。例如：

① There was little hope of continuing my inquires after dark to any useful purpose in a neighbourhood that was strange to me.

这一带我不熟悉，天黑以后继续进行调查，取得结果的希望不大。

上述一句话的意思是“因为这一带我不熟悉，如果天黑以后继续进行调查，那么取得结果的希望不大”。上述译文省略了“因为”“如果”“那么”，因为凭借句子成分的次序，便可表达出句子的逻辑关系。

② I was on my way home from tramping about the street. My drawings under my arm，when I found myself in front of the Mathews Gallery.

我挟着书稿在街上兜了一圈，回家的路上无意中发现自己逛到马太书廊的门口。

上述英语长句与汉语的叙述逻辑相反，因此要打破原文结构，按照汉语的行文习惯重新安排。

2. 确定主干

前面提到，英语长句呈树式结构，结构十分复杂，尽管如此，但英语长句的主干（主、谓、宾）非常突出，只要将烦琐的枝叶剪去，就可以找到主干。也就是说，在翻译长句时，要从整体上把握句子，将信息简化，不要过多地注意句子的细枝末节。例如：

① A World Bank report released at the time of the conference， which ended on November 10，insists that Vietnam's overall growth will depend more on its own policies than on the volume of external financing.

可以看出，上述例句是一个主从复合句，由一个主句和一个宾语从句组成，不难发现，句子的主干是“A World Bank report...insists that...”。

② The idea of a fish being able to generate electricity strong enough to light small bulbs，even to run an electric motor is almost unbelievable.

例句中，“the idea”之后接了一个很长的定语，使得所有信息堆砌到了一起，但句子的主干不难辨认出，即“The idea... is almost unbelievable.”。

③ Human history began when the inheritance of genetics and behavior which had until then provided the only way of dominating the environment was first broken through by conscious choice.

可以看出，上述整个例句由一个简单的主句（Human history began...）和一个由 when 引导的时间状语从句构成。

3. 转换单位

所谓“转换单位”，是指原文中的这样一种语言单位：作为整体，它可以在译文中找到自己的对应物，但它自身的各个组成部分在译文中则不一定是一一对应的。

小句既稳定又灵活，因此小句是翻译过程当中的最佳转换单位。小句一般为主动结构，包括限定式小句、非限定式小句和无动词小句三种类型。

例如：

①“Alas!”②said a widow，③speaking of her brilliant and careless son，④“he has not the gift of continuance.”

“哎呀！”一位寡妇说到他那个天资聪颖却又粗心大意的儿子时说道，“他呀，没有毅力。”

上述例句由四个小句构成，小句①是无动词小句，仅含一个单词；小句②和③属于限定式小句；小句④是非限定式小句。

① After one more assignment，② Bell resigned as a journalist，③ to stand for Parliament in England.

贝尔又完成了一项任务，然后辞去了记者这份工作，当上了英国国会议员候选人。

上述例子中，小句①是无动词小句；小句②是限定性小句；小句③是一个不定式短语，属非限定式小句。

将由各个信息堆积而成的长句拆分成相对独立的小句之后，就要根据汉语的语言特点，将各个小句转换成相应的汉语小句。笔者以上述“确定主干”中的第一个句子为例来说明小句的转换。

A World Bank report released at the time of the conference，which ended on November 10，insists that Vietnam's overall growth will depend more on its own policies than on the volume of external financing.

上述例子由四个小句构成：

① A World Bank report... insists that...

②（A World Bank report）released at the time of the conference

③ which（=the conference）ended on November 10

④ Vietnam's overall growth will depend more on its own policies than on the volume of external financing.

以上四个英语小句可以转换成相应的汉语小句：

①一份世界银行的报告……坚持认为……

②在这次会议上披露了世界银行的一份报告

③这次会议在 11 月 10 日结束

④越南经济的全面增长将更主要地取决于其本国的政策，而不是外来资金的数额。

4. 重新组合

重新组合就是将转换后的汉语小句按照汉语民族的逻辑思维来调整语序，并运用连接词将各个独立的小句连接起来，以达到前后连贯、表达流畅的目的。

（1）按逻辑顺序翻译

例如：

After regular intervals which depend partly upon the amount of traffic carried and partly upon the local conditions，the so-called “permanent way” requires replacement.

可以看出上述例子由以下四个小句组成：

① After regular intervals

② which（= regular intervals）depend partly upon the amount of traffic carried

③（regular intervals depend）partly upon the local conditions

④ the so-called “permanent way” requires replacement

转换成相应的汉语小句为：

①每隔一段时间之后

②这段时间的长短，部分取决于运输量

③（这段时间的长短）部分取决于当地的条件

④所谓“永久性道路”（即铁路轨道）就需要更换

在翻译时，如果保留英语的顺序，翻译出的句子则不符合汉语的叙述习惯，而且也无法清晰地表达原文意义。经过分析，整个句子可以译为：

①每隔一段时间之后，④所谓“永久性道路”（即铁路轨道）就需要更换。②这段时间的长短，部分取决于运输量，③部分取决于当地的条件。

以下例句也可以做类似的处理：

Think of ways to turn a trying situation into a funny story that will amuse your family and friends.

[原译]想办法把不愉快的处境变成一个能逗乐你的家人和朋友的有趣乐事。

[改译]想办法将令人尴尬的处境变成一件引人发笑的趣事，给你的家人和朋友带来一点快乐。

Since hearing her predicament，I've always arranged to meet people where they or I can be reached in case of delay.

[原译]听了她的尴尬经历之后，我就总是安排能够联系上的地方与别人会见，以防耽搁的发生。

[改译]听她说了那次尴尬的经历之后，每每与人约见，我总要安排在彼此能够互相联系得上的地方，以免误约。

（2）按时间顺序翻译

例如：

In the last 25 years of the many thousands of years which separate the discovery of electrum from the discovery of electrons. we have at last come to realize how much the properties of the former depend on the behavior of the latter.

该例句由以下三个小句构成：

① the many thousands of years which separate the discovery of electrum from the discovery of electrons.

② In the last 25 years... we have at last come to realize

③ how much the properties of the former depend on the behavior of the latter

上述三个小句可译为：

①从金银合金的发现到电子的发现，其间经历了几千年

②在最近的 25 年我们终于认识到了……

③前者的性能在多大程度上取决于后者的作用

小句①和小句②陈述的是两个事件，可以看出，这两个事件是一前一后发生的，英语句子基本上按照事件发生的先后顺序组句，因此译成汉语时，可保持原文语序不变，只要在组句时适当地添加一些关联词即可。上述原句可译为：

①从金银合金的发现到电子的发现，其间经历了几千年；②直到最近的 25 年我们才终于认识到了③前者的性能在多大程度上取决于后者的作用。

再看下面一个例子：

He found the thought infinitely more enjoyable to focus on than the niggling fear that had been troubling him since his conversation with Fisher.

该句可分为三个小句：

① He found the thought infinitely more enjoyable to focus on than the niggling fear

② that had been troubling him

③ since his conversation with Fisher

这三个小句可依次译为：

①如今集中精力做这种想法，比起那种杞人忧天来无疑要让人开心多了

②总有些琐琐碎碎的事儿一直困扰着他，使他有种莫名的担忧

③那次与费希尔谈话以后

按照时间的先后顺序，原文的语序应该被打破，将原文的语序重新排列后可译为：

③那次与费希尔谈话以后，②总有些琐琐碎碎的事儿一直困扰着他，使他有种莫名的担忧。①如今集中精力做这种想法，比起那种杞人忧天来无疑要让人开心多了。

（3）适当使用关联词语

上述已经提到，英语重形合，造句注重形式接应，句中多用关联词语；而汉语重意合，造句注重逻辑事理顺序，较少甚至不用关联词语。鉴于这种差异，译者在翻译英语长句时，应恰当使用关联词语，以使译文符合汉语的语言特点。例如：

① I couldn't see why the worker who works and produces gets paid less than the manager who sits on his chair and does nothing.

译文一：我不明白为什么干活和生产的人倒比坐在椅子上什么都不干的经理挣的钱少。

译文二：我搞不懂，工人拼命地工作，拼命地生产，为什么到头来到手的工资却比那成天在椅子上坐着什么活都不干的经理要少。

② Once there were companies which surveyed the populace by phone and mail，asking their preferences，finding out which products they preferred，or which television programmes they watched.

[原译] 曾经有一些公司通过电话和信件来调查征询公众的喜好，发现他们更钟情于哪些产品，或者他们收看什么电视节目。

[改译] 曾经有些公司通过电话和信函向公众展开调查，询问各自的偏好，看他们更喜欢哪些产品，收看哪些电视节目。

并不是说在汉译文中不能使用关联词语，在恰当的时候是可以使用的，有时甚至非用不可。如何恰当地使用关联词语取决于汉语译文的需要，同时也取决于译者对小语的语感。小语语感在翻译中有着重要的作用。例如：

③ Business is pretty slack，to begin with，and then I'm fixing up a little house for Ned and Ruth when they're married.

译文一：生意清淡，这是其一；此外，当纳德和路德结婚时，我还得给他们盖房子。

译文二：一来生意清淡，二来我正预备给纳德和路德结婚盖个小房子，他们快结婚了。

④ I suppose that if a man has a confused mind he will write in a confused way，if his temper is capricious his prose will be fantastical，and if he has a quick，darting intelligence that is reminded by the matter in hand of a hundred things，he will，unless he has great self-control，load his pages with metaphor and simile.

我想，如果一个人思路不清，写起文章来也会杂乱无章；如果他性情多变、喜怒无常，他的文章也会充满各种奇特的幻想；如果他思路敏捷，能由眼前之事联想到上百件事，除非他同时还有很强的自我约束力，否则他的文章将会满纸都是比喻。

5. 核译

核译就是以原文为依托，对原文进行校核和润色。在校核时，除了仔细核对长句的细节外，还要放宽视野，在更大的语境中检查译文。润饰译句主要是针对译句的风格而言的，通常在原译文正确的基础上进行，以使译文更加贴切。例如：

① If the moon were not present，or if it were smaller，for many values of Earth's primordial spin rate，the obliquity of the earth would be chaotic with very large variations，reaching more than 50 degrees in a few million years and even，in the long term，more than 85 degrees.

[原译] 要是没有月球，或月球较小，则对于地球最早形成的旋转率的许多值来说，地球的倾斜度会发生巨变，造成混沌，以致在几百万年的时间里就会超过 50 度，长期下去甚至还会超过 85 度。

[改译] 要是没有月球，或月球比现在小，那么，就我们对地球最早形成的旋转速度所做出的许多估计而言，地球的倾斜度会因为多次巨大的改变而变得混乱无序，数百万年之后会超过 50 度，若长此以往，甚至还会超过 85 度。

② So what do the Americans think of the foreign visitors who arrive for the torrid heat，just when locals from the United States tended to avoid Death Valley?

[原译] 美国本地人趋向于避开死谷，而外国旅游者却为炎热而至，对此美国人是怎么想的呢？

[改译] 美国本地人对死谷避之唯恐不及，国外游客却纷纷为炎炎烈日而至，对此美国人是怎么看的呢？

第四节　中西的比喻与翻译

比喻是世界各国语言中使用最为广泛的一种修辞手法，著名作家秦牧将它称为“语言艺术中的艺术，语言艺术中的花朵”。比喻是不同语言中的共同现象。尽管如此，但由于不同民族的生产发展、生产环境、生活方式和思维方式的差异，其比喻也是千差万别的。

一、比喻的民族性

所谓比喻的民族性，就是指比喻具有独特的民族色彩。在一个民族老幼皆知的比喻在另一民族往往鲜为人知，甚至不可理解。

比喻有着深深的民族烙印，它是民族历史的积淀，折射着民族的生活。以英国为例，英国是个岛国，海洋在英国人的生活中扮演着重要的角色，那里气候凉爽湿润，却不适宜农耕，人们大都以渔猎为生。因此，以航海和渔猎设喻便成了英语比喻的一个显著特点。例如：

① to sink or swim

好歹；不论成败

② between the devil and the deep blue sea

进退维谷；进退两难

③ to go with the stream

随波逐流

④ as mule as a fish

默不作声

⑤ as close as an oyster

嘴很紧；不会漏嘴

与英国不同，农耕是中华民族先民们赖以生存的基础，因此汉语比喻的一个显著特点就是以农耕设喻。例如：

⑥挥金如土

spend money like water

⑦拔苗助长

spoil things by excessive enthusiasm

⑧斩草除根

destroy completely and thoroughly

⑨瑞雪兆丰年。

A fall of seasonable snow gives promise of a fruitful year.

⑩种瓜得瓜，种豆得豆。

As a man sows，so he shall reap.

另外，因英汉的民族历史、文化、宗教信仰的差异，也使得英汉两种语言的比喻有着各自的特点。例如：

⑪ Hamlet

优柔寡断的

⑫ the heel of Achilles

唯一致命的弱点

⑬罄竹难书

（of bad deeds）too numerous to be listed

⑭指鹿为马

distort facts

⑮事后诸葛

be wise after the event

因为比喻具有鲜明的民族性，因此将比喻从一种语言翻译成另一种语言时，必然会遇到民族差异的问题，在翻译时要充分考虑到这一点。

二、英汉比喻对比

比喻是增强语言表达效果的重要修辞手段之一，每个民族中都有着十分丰富的比喻。但由于各个民族的文化地域、生活方式、语言特点的差异，因此产生了比喻使用上的差异。下面笔者就从以下几个方面分析英汉比喻的异同。

（一）喻义、喻体都相同

在英汉两种语言中，有些比喻是共同存在的，而且有些比喻的喻体和喻义很相似，甚至一模一样。例如：

① as black as coal

像煤一样黑

② as red as blood

像血一样红

③ as light as feather

轻如鸿毛

④ on the ice

如履薄冰

⑤ pour oil on the fire

火上加油

（二）喻体错位

“喻体错位”是指比喻的喻义相同而喻体不同。这种现象在英汉两种语言中普遍存在。产生这一现象的原因是比喻的民族性使得英汉语言在表达相同或相近的意义时使用了不同的喻体。例如：

① as weak as water

弱不禁风

② birds of a feather

一丘之貉

③瓮中之鳖

a rat in a hole

④作茧自缚。

You have made your bed， and you must lie on it.

（三）喻体空缺

由于不同民族生存的环境、文化、风俗习惯等的差异，常常会产生喻体空缺的现象，即在一种语言中用作喻体的事物在另一种语言中不用来打比喻。例如：

① the lion’s share

最大的份额

② horse of a different color

截然不同

③马后炮

belated effort；be too late

④书香门第

a family of scholar（s）

三、比喻的翻译

比喻可分为明喻和暗喻。下面笔者分别对明喻和暗喻的翻译进行介绍。

（一）明喻的翻译

明喻也称“直喻”，是就两个不同类型的事物之间的相似点进行比较，是使用明显比喻词的比喻。在这一修辞的运用上，英语和汉语是比较相近的，都有比喻词。英语中常见的比喻词有 as、like、as if、as though 等，汉语中常见的比喻词有“像”“好像”“仿佛”“如”等。因此，大多数情况下，明喻都可以直译，直译可以充分地保留原文的生动和活力，但采用直译的前提是符合译入语的语言文化习惯。例如：

① The Red Man has ever fled the approach of the White Man，as the morning mist flees before the morning sun.

红种人对白种人从来就是敬而远之的，就像朝雾在旭日升起前就要消散一样。

②水是应当安静的！那可以同镜子一样，小鱼同水藻，没有藏躲的机会，人们可以临流鉴形，这是何等自然啊！

Water should be quiet like a mirror so that the small fish and algae couldn't hide in it and people could appreciate their reflection in it. And how natural it would be!

但由于英汉语言和文化上的差异，也有些明喻不能直译，而必须采用意译的方法。例如：

③ Records fell like ripe apples on a windy day.

纪录频频被打破。

④ John Anderson my jo，John，
When we were first acquent
Your locks were like the raven;
Your bonie brow was brent.
约翰·安德生，我的爱人，
记得当年初相遇，
你的头发乌黑，
你的脸儿如玉。

（二）暗喻的翻译

暗喻又称“隐喻”，是指不使用明显比喻词甚至不使用任何比喻标志的比

喻。英语中的暗喻标志有 be、become、turn into 等词语，汉语中则有“是”“变成”“成了”等词语。通常暗喻的翻译也采用直译的方法。例如：

① Some books are to be tasted，others to be swallowed，and some few to be chewed and digested.

一些书浅尝即可，另一些书却要囫囵吞下，只有少数的书才值得咀嚼和消化。

②卑鄙是卑鄙者的通行证；

高尚是高尚者的墓志铭。

Baseness is a passport for the base，

Honour an epitaph for the honourable.

③一切都变了，她的最亲密的文城变成了死城。她的老父亲变成了活在地狱的“人鬼”。

Everything had changed. Her most familiar Wencheng City had changed into a dead city. Her old father had changed into a “ghost-man” who was living in hell.

有时根据需要，暗喻也可以译成明喻或采用意译。例如：

④ Don’t show the white feather to the enemy.

不要向敌人示弱。

⑤ He is a regular oyster.

他总是守口如瓶。

⑥他是个见风使舵的家伙。

He is a weathercock.

第五节 中西习语的翻译

习语是一个含义十分广泛的概念，它不仅包含成语，还包括歇后语、谚语、俚语、固定的粗俗语等。英汉两种语言中含有大量的习语。虽然英汉习语因文化的巨大差异而呈现出各自的特点，但有些习语也有着惊人的相似。

下面笔者就对中英习语的翻译进行具体的介绍。

一、异化译法

“异化译法”也就是所谓的直译法，就是要保留原文的文化意象，以使译文保留原文的语言风格。

英语里的一些习语最初被直译成汉语，通过各种流传和传播，最终成了汉语的一部分。例如：

① armed to the teeth

武装到牙齿

② an eye for an eye，a tooth for a tooth

以眼还眼，以牙还牙

③ a wolf in sheep’s clothing

披着羊皮的狼

④ All roads lead to Rome.

条条大路通罗马。

上述习语大部分已被中国人接受。再如：

⑤ Some people thought Australia was a cultural desert.

有些人曾认为澳大利亚是个文化沙漠。

⑥ Don’t believe a word that man tells you. He’d swear black was white if he thought it was to his advantage.

别相信那人的话。只要对他有利，他能硬把黑的说成白的。

虽然中西方文化差异很大，但并不是说西方人就绝对不理解东方文化，因此有些汉语的习语也可以直译。例如：

⑦笑里藏刀

hide a dagger in a smile

⑧初生牛犊不怕虎。

New-born calves make little of tigers.

⑨天下乌鸦一般黑。

All crows are equally black.

⑩巧妇难为无米之炊。

Even a clever housewife cannot cook a meal without rice.

⑪路遥知马力，日久见人心。

A long road tests a horse’s strength and a long task proves a man’s heart.

二、归化译法

“归化译法”属于意译的一种，是指在译入语中找到与原文习语对等或相似的习语直接进行翻译。虽然中英文化有着很大的差距，但人类文化有着共同的范畴，即“共核”，因此两种语言中也会出现意象相同的习语。有时习语的意象不同，但意义基本相同。这一类习语的翻译通常是双向的。

（一）对等习语

中英两种语言中含有大量的习语，其中必然会有一些意象相似、意义相近的对等习语。在翻译过程中，这类习语通常可以套用，但意象和意义真正相同的中英习语是非常少见的。例如：

① go through fire and water

赴汤蹈火

② Great minds think alike.

英雄所见略同。

上述英汉习语的意象是十分相近的，往往可以互译。再如：

③ Trust him nothing，he is a bad egg.

别信他，他是个坏蛋。

④The trouble is you're too good-natured and people take advantage of it. All lay load on the willing horse. You will have lo learn to refuse people who ask too much.

问题是你人太好，被别人欺负，所谓“人善被人欺，马善被人骑”，对于那些要求过分的人要学会说“不”。

（二）意象不同、意义相近的习语

上面已经提到，在中英两种语言中意象和意义完全相同的习语是非常少的，但在两种语言中能找到意象不同而意义相同或相近的习语，也就是说这类习语可以归化成译入语中固有的习语，原文的意义基本不变，只是意象不同而已，而且译文没有显著的翻译痕迹，给人一种地道本国语的感觉。例如：

① an ass in a lion's skin

狐假虎威

② a wolf in sheep's clothing

笑面虎

③ teach one's granny to suck eggs/ teach fish to swim

班门弄斧

这种译法的不足之处就是不能保留原文的意象，很多这样的习语其意义貌似相同，但语言风格和感情色彩不尽相同。尤其像人名、地名、典故一类的习语，要注意其在译入语中使用的恰当性，避免产生荒唐之感。我们来看下面翻译得比较好的例子：

④ There he was—dropped from the clouds.

他就在那儿——犹如从天而降。

⑤ As soon as he stepped off the plane he began to talk a mile a minute，telling us all about his holiday.

他一走下飞机，就像连珠炮似的说个不停，告诉我们他度假的全部经过。

⑥既然他干得那么好，他干吗要整天自吹自擂呢？

If he's so successful，why does he have to keep blowing his own trumpet？

⑦他说他的老师很赞赏他的作文，但我要听他的老师亲口说。我看他是王婆卖瓜，自卖自夸。

He said that his teacher considered his essay brilliant，but I would rather hear it from his teacher's own mouth. Every potter praises his own pot.

三、折中译法

中英文化的巨大差异使得很多的习语不能使用异化或归化译法进行翻译，这时就可以使用折中译法。"折中译法"也属于意译的一种，即化去原文中的意象，译出核心意义。对于一些带有浓厚民族文化气息的人名和地名习语等，多数采用折中译法。这种译法的美中不足是原文意象损失过大。例如：

① After a refreshing nap the writer was again his own man.

午睡之后，神清气爽，作家精力又恢复了。

② Hans is the only one of us who has a sweet tooth. If it weren't for him，I wouldn't bother making puddings at all.

我们中只有汉斯一人爱吃甜食。若不是为了他，我才不愿这么麻烦做布丁呢。

③ This family could hardly keep their heads above around.

这家人几乎没法活下去了。

④我已经好久没有回家了，此刻真是归心似箭。

I'm anxious to go back home as I've been away for a very long time.

⑤这种地方鱼龙混杂，你要特别小心。

This is a place where good and bad people are mixed up， so you've got to be very careful.

第六节　中西历史典故与翻译

典故是人类历史和文化的沉淀，是民族智慧的结晶，它不仅折射着民族的发展和历史，还闪烁着民族的异彩。通过翻译，一个民族的瑰宝得以在另一个民族中大放异彩。本节笔者将对中西历史典故及其翻译进行探讨。

一、中西历史典故简介

所谓“典故”，是指“诗文里引用的古书中的故事或词句”。在英语中，与其对应的单词是allusion。英语和汉语对典故的解释各有侧重，但也有共同点，即都指文学作品中引用的史料性文字。但无论是汉语典故还是英语典故，多为形象生动的故事浓缩而成。因此，典故多含蓄、深邃而又引人联想。典故不论中西，贵在含而不露，妙在意在言外，功在寓意深邃、余音绕梁。

我国的历史悠久，典故渊源很深，多出自历史史实、古典文献、神话传说、宗教信仰、文学作品、寓言故事、民间习俗等，蕴含着深刻的哲理和文化内涵。但近代的典故很少，当代则几乎没有。而英语在近800年中发展较快，而且在这期间英语经历了很大的变化，其中也有对其他语言的兼收并蓄，词汇得到了丰富。因此，英语典故多出自希腊罗马神话、民间传说、寓言故事、《圣经》等，而正统的典故多成典较晚。

英汉典故最大的差异就在于结构形式。英语典故比较自如随意，多不讲究字形之美，可松可紧，有长有短。长则几字、十几字，乃至完整的句子，如“What one loses on the swings one gets back on the roundabouts.”（失之东隅，收之桑榆），“Hair by hair you will pull out the horse’s tail.”（矢志不移，定能成功）；短的甚至是一个单词，如Eden（乐园）、Ark（避难所）、Shylock（放高利贷者）等。相比而言，汉语典故则多为两字、三字或四字结构，也有字数较多或单独成句的，但是十分少见，如“螳螂捕蝉，黄雀在后”“踏破铁鞋无觅处，得来全不费功夫”。

在典故设喻方式上，英汉典故颇有相似之处。英汉典故都有以人设喻的，如英语的Shylock，汉语的“成也萧何，败也萧何”；都有以事件设喻的，如英语的The Last Supper，汉语的“负荆请罪”；都有以物名设喻的，如英语的Barbie doll，汉语的“杯弓蛇影”；都有以地名设喻的，如carry coals to Newcastle，汉语的“东山再起”；都有以动、植物设喻的，如英语的scapegoat，汉语的“狐死首丘”。此外，英汉典故中，有的典故不仅设喻形式相同，喻体一样，而且寓意也完全相同。但这种形义相同的典故毕竟不多，而大部分的典故是基本对应、部分对应或是根本不对应的，如 kill the goose that lays the golden eggs 与“杀鸡取卵”，meet one’s Waterloo 与“败走麦城”。

因历史地理、宗教文化、风俗习惯等方面的差异，中英语言有着各自显著的民族色彩。例如，paint（gild）the lily 与“画蛇添足”，cast pearls before swine 与“对牛弹琴”，rob Peter to pay Paul 与“挖肉补疮”等，它们之间的寓意虽然相同或基本相同，但各自在喻体及设喻形式上有着很大差别。因此，在翻译时，在不影响原文寓意的前提下，应将英汉典故的民族色彩予以保留。这样做能更好地还原和体现原文的风格，使译文更加生动形象。例如：

① They were only crying crocodile tears at the old man’s funeral because nobody had really liked him.

在老头子的葬礼上，他们只不过挤了几滴鳄鱼的眼泪，因为在老头子生前，他们没人喜欢他。

② This small country has long been regarded as a Trojan horse placed in Southeast Asia by its master.

很久以来，人们一直把这个小国家看作其主子安置在东南亚的一具特洛伊木马。

上述例子中，“鳄鱼的眼泪”与“特洛伊木马”都已是大家所熟悉的外来语。可见，直译不仅能被读者接受，还能很好地展现原文的风格色彩。如果原文中典故的民族色彩较浓，而译入语中的典故没有原文中那么强烈的民族色彩，却能很好地传达原文的寓意，这时就可以对译。例如：

③ A：I’d rather be a headmaster in a distant uncomfortable town than be a teacher in a nice town.

B：You rather reign in hell than serve in heaven，I suppose.

甲：我宁愿在条件较差的边远小镇当校长也不愿在条件优越的城市当个教员。

乙：好坏你是宁为鸡口，无为牛后了。

如果对译对原文的民族色彩有较大的损伤，而兼顾民族色彩的直译又不足以确切地表达原文的寓意时，就要根据具体情况采用相应的翻译方法来进行灵活处理了。对于中西历史典故的翻译方法，笔者将在下面进行具体介绍。

二、中西历史典故的翻译方法

（一）直译法

首先我们来看一些直译的例子：

① cold war

冷战

② shuttle diplomacy

穿梭外交

③ a gentleman' s agreement

君子协定

④ Trojan horse

特洛伊木马

⑤ A cat has nine lives.

猫有九命。

上述概念中，有些是汉语中本来就有的，有些是汉语中没有的。汉语中本来就有的典故直译后，不仅传递了意义，也保留了形象；汉语中没有的典故直译后，不仅保留了原文的意义和形象，也符合汉语的行文习惯。

（二）意译法

由于中英文化的差异，有些历史典故的形象和意义是不能同时表达的，此时形象只能让位于意义，意译也就成了必然选择。例如：

① like a fish out of water

很不自在

② to be cat's paws

上当，被人利用

③ to be born with a silver spoon in one's mouth

生在富贵之家

（三）同义典故套用法

这种方法不能适用于所有情况，其使用是有条件的。一组对应的英汉成语，即使形式相似意思相同，但二者的确切含义和感情色彩也有细微或较大的差别，因此不能随便使用。例如：

① to spend money like water

花钱如流水（挥金如土）

② at sixes and sevens

乱七八糟

③ to be out at elbows

捉襟见肘

④笑掉大牙

to laugh off one's head

（四）直译加解释

有一些典故如果直译出来，会使读者难以完全理解其寓意，如果采用意译，则无法展示原文的形象和风格。如果采用直译加解释的方法进行翻译，不仅能够还原原文的形象和风格，而且在使读者理解其寓意的同时还能进一步理解其潜在意义。采用这种方法译出的译文虽然有些啰唆，但能还原典故的本色。例如：

① An old dog will learn no new tricks.（You cannot teach old dogs new tricks.）

老狗学不出新把戏。（老顽固不能学新事物。）

② There is no rose without a thorn.

没有不带刺的玫瑰。（世上没有十全的幸福；有乐必有苦。）

③膏粱子弟

good-for-nothing sons and daughters of the idle rich（the children from well-fed families）

④高屋建瓴

pour water off a steep roof(operate from a strategically advantageous position）

（五）等值互译

在英汉语言中，有些典故无论在意义、形象还是风格上都比较相似，此时可采用等值互译这种方法。例如：

① Like father，like son.

有其父必有其子。

② Among the blind，the one-eyed man is king.

山中无老虎，猴子称霸王。

三、中西历史典故中的文化陷阱

由于中英文化及其思维的巨大差异，使得中英语言中存在一些字面意义相同而实际意义全然不同的习语，我们将这种情况称为“文化陷阱（culture traps）”。这些貌合神离、似是而非的习语让译者十分头疼，一不留神就会“误入歧途”，饱受这种文化陷阱的困扰。例如：

① eat one’s words 并不是“食言”（to go back on one’s word/ break a promise）的意思，而是“认错、道歉”（to admit that they were wrong about sth. they said）。

② hold water 意为“可靠、有效”（to be true or reasonable），而非含有弄虚作假之意的“有水分”。例如：

The theory may hold water.

这理论可能行得通。

③ after a fashion 意为“不怎么样”（not very well），绝不能望文生义地理解为“赶时髦”。例如：

John speaks Russian after a fashion，but Mary speaks it much better.

约翰俄语讲得马马虎虎，玛丽就好多了。

④ child’s play 并非“儿戏”（to do sth. rather carelessly），而是“非常容易做的事情”（sth. very easy to do）。

⑤ busy body 意为“多嘴多舌、爱管闲事的人”（a person who takes too much interest in the affairs of others），属贬义词，与“大忙人”（a busy man/ woman）“貌合”却“神离”。

⑥ move heaven and earth 意为“千方百计、不遗余力”（to do everything possible to cause or prevent sth.），与“惊天动地”或“翻天覆地”毫不相干。

⑦“A miss is as good as a mile.”是指“错误再小也是错，死里逃生也是生”，而不是“差之毫厘，谬以千里”。

⑧“Once bitten, twice shy.”指的是“吃一堑，长一智”，而不是“一朝被蛇咬，十年怕井绳”。

从以上例子中可以看出，中西历史典故中的文化陷阱给译者和英语学习者带来了很大的困扰，因此了解和学习中英语言文化陷阱对译者和英语学习者都有一定的帮助。正如我国著名英语专家胡春洞所言：“在英语学习中，文化求异或辨异及文化求同或认同的总规律就是，探究英美人民和中国人民的过去和现在的生活内容与生活方式，以及在此基础上所产生的思想内容与思想方式。这实际上是英语学习的深化，或者就是从总体上、从深层次上掌握英语的途径。一些中国文化根基深的人，英语功底也打得深，英语学习进程也顺畅，原因之一可能就是，这些人在文化辨异和认同上占有优势。”

第六章　跨文化背景下的英语翻译教学模式探究

第一节　大学英语教学中的文化导入

语言是文化不可分割的一部分，是文化的载体，其丰富的文化内涵和文化负荷传递着无数的文化信息。人类社会中，文化几乎无处不在。“文化”一词的含义很广泛，“一般认为它是一个民族在自己的社会历史发展中形成的独特的风格与传统。世界上每一种语言都充满了文化色彩，语言中的文化现象除狭义地指社会意识形态外，还泛指社会历史、自然地理等各方面人类所独有的特征”。

在当今高科技迅速发展的信息时代，国家、民族、团体、个人之间的合作和交流日趋频繁。文化差异是导致跨文化交际产生障碍的重要因素。一个国家的哲学、信仰、伦理、心理乃至政治等诸多因素确定了在该国的文化中，社会交往必须遵循其特定的规范，其中包括与之有关的语言规范。对于一个讲母语的人来说，本国这些约定俗成的规范已经成为他们日常生活中极其自然的事情。然而，对于不熟悉这一文化背景的外国人而言，就会形成一个文化障碍，影响交际的顺利进行。语言教学不仅包括语言知识的教学，而且包括文化知识的教学。在大学英语教学中文化导入是很有必要的，文化导入的方法与途径应贯穿大学英语教学之中。

一、大学英语教学中文化导入的必要性

语言不仅是人类交流的工具，同时也是文化的载体。一个国家的语言必然会反映这个国家、这个民族的文化特征和思维方式。它们之间的关系是密不可分的，不了解目的语的文化，就不可能真正理解和运用外语。在全球化的今天，

各国之间的交往日益频繁，各种文化之间的碰撞也日益增多。单纯掌握一门外语而不了解其背后深厚的文化底蕴并不能有效地帮助人们跨越文化鸿沟，成功地实现交流。因此，在大学英语教学中渗透文化教育是非常有必要的。

（一）大学英语课程教学的基本要求

大学英语的教学目标是培养学生的英语综合应用能力，增强其自主学习的能力，提高其综合文化素养，以适应我国经济发展和国际交流的需要。然而，不论是作为语言学的基础理论，还是作为指导语言学习的各种教学法，无一例外的都是指向同一目标即语言自身的规则。从索绪尔结构主义语言学的二项分析，到乔姆斯基的转换生成法，从传统的语法翻译法、静默法到直接教学法等，都未给我们指出外语教学实践是为了便于交际。也正是在这样的理论指导下，在传统的英语教学中，我们总是对学生进行一种“纯语言能力”的培养，要求他们在“听、说、读、写、译”等方面造出合乎语法规则的句子、篇章，凭借一种含有投机成分的应试技巧顺利地取得各种等级证书，“强调了对语言表层结构即应试要求语言点的分析，而放弃了对语言深层结构即社会文化背景的讲析。”因此，为了培养学生的交际能力，大学英语教学必须在进行语言知识教学的同时，进行文化导入，从而避免因文化差异而引起的语用失误。

（二）由语言和文化的关系所决定

文化语言学研究表明，语言中储存了一个民族所有的社会生活经验，反映了该民族的全部特征。学生在习得一种民族语言的同时也是在习得该民族的文化。外语教学的任务是培养在具有不同文化背景的人们之间进行交际的人才。同时，语言和文化紧密相连、不可分割。语言是一种符号，是文化的载体，又是文化的重要组成部分。文化是语言赖以生存的环境，文化在一定程度上也限定并塑造了特定的言语表达方式。总之，语言就好比树木，文化就好比森林，不了解语言生存的环境就好比只见树木不见森林。正如萨丕尔所言，“语言基本上是一种文化和社会的产品，因此它必须从文化和社会的角度去理解”。然而，传统的外语教学更注重语言知识的积累，而忽视语言所处的文化，从而出现了英语语言能力强的人其跨文化语用能力不一定强的现象。美国外语教学专家温斯顿·布瑞姆在谈到只教语言不讲文化的恶果时说：“采取只知其语言不懂其文化的教法是培养流利大傻瓜的最好办法。”因此，在大学英语教学中适当渗透一些文化知识，开展一些文化对比的讨论，有助于学生更深刻地理解语言，增强其对文化差异的敏感性，进而提高其跨文化交际能力。由于语言和文化相互依存和影响，因此，在进行英语教学的同时有必要导入与英语语言有关的文化内容。

（三）由国内外客观形式及大学生文化习得现状决定

国内外客观形式及大学生文化习得现状也决定了在大学英语教学中进行文化导入的迫切性。随着全球经济一体化进程的加快，跨国界、跨文化的交流日益增多，造成了对既懂专业又通晓外语并能进行跨文化交际的优秀人才的巨大需求。为了适应社会发展的需要，为了保证国际交流的准确和有效，大学英语教学也必须在传授语言知识的同时传授文化知识，帮助学生了解英语国家的人文地理、历史传说、风俗习惯、价值取向和社会观念等。通过熟悉有关的文化背景知识，不仅可以激发学生学习英语的兴趣，满足他们语言学习的要求，而且随着文化知识的积累，学生对语言本身的理解也会更加透彻，反过来又会促进他们英语水平的相应提高，真正达到使学生能够运用英语准确、顺利地进行交流的教学目标。而非英语专业培养出来的学生在未来的工作岗位上将会有更多的机会参与跨国界、跨文化的交流。但由于应试教育的影响、文化输入的缺失及母语文化的干扰，目前大学生的跨文化习得状况不容乐观。这种供需之间的矛盾也说明在大学英语教学中进行文化导入是必要而且迫切的。

二、大学英语教学中文化导入的内容

文化导入教学模式是一种通过引导的方式让学生主动建构语言与文化知识、促进英语综合应用能力提高的相对稳定的操作性框架。该模式主张教师在一定的教学环境中，根据教学大纲、教材和学生实际，运用正确的方法对学生进行积极引导，激发他们的思考与想象，促进学生主动进行内部心理表征的建构，从而培养学生对文化差异的敏感性、宽容性以及处理文化差异的灵活性，提高学生综合运用英语的能力。那么在大学英语教学中应该从哪些方面构建学生的文化知识呢？

关于大学英语教学中文化导入的内容，学者们有着不同观点。吕必松、赵贤洲、张占一等主张将大学英语教学中的文化教学内容分为交际文化和知识文化。所谓交际文化，指的是两个文化背景不同的人进行交际时直接影响准确传递的语言和非语言的文化因素，包括问候、致谢、称呼、习语、委婉语和禁忌语。而知识文化，指的是两个文化背景不同的人进行交际时，不直接影响准确传递信息的语言和非语言的文化因素，一般是指政治、经济、历史、地理、科技、文教等相关背景知识。魏春木、卞觉非则把外语基础阶段文化导入的内容分为文化行为项目和文化心理项目。他们认为文化行为作为动作系统，是外显的、受文化心理支配的，处于文化的表层，可逐层细分出不同的文化项目如购物、住宿、称呼等；文化心理是文化行为背后的价值观念系统，是内隐的、支配文化行为的，处在文化的底层。文化心理对人们的语言或行为起着规定性作用，它决定了人的处世哲学、评价事物的标准和行为规范等。比如，在西方很多国家忌讳询问对方的年龄、婚姻状况、收入、宗教信仰等，是出于对隐私的尊重，但这只是一种外在的文化现象，其本质上反映了西方个人主义价值取向的基本社会文化心理。这些观点在一定程度上具有积极作用，对外语教育有很大的现实意义和指导意义。因为文化本身的复杂性和层次性，不同文化的划分在某种程度上相互交叉，很难将文化细分，但必须注意文化导入的多样性和根据学习者的需求进行合理导入。这就要求不同的外语教育工作者根据不同的教学对象，以及教学中需达到的不同目的，具体问题具体分析。

目的语国家的文化是一个宽泛的内容，涉及植根于民族语言中的社会习俗、传统习惯、思维模式、世界观、价值观、宗教信仰及反映目的语民族的生活背景。任何民族的个体都生活在一个特定的社会环境之中，人们所使用的语言必然会反映出其所处社会的文化特征，带有该民族特有的文化印迹。

我国英语教学的目的是培养学习者的跨文化交际能力。“跨文化交际是指不同文化背景的人们（信息的发出者和信息的接收者）之间的交际。”根据跨文化交际学的理论，跨文化交际与同一主流文化内的交际在本质上是一致的，二者所涉及的变量或组成要素基本一致。交际是信息的传送和接收，“共同”或“共享”是交际的前提。除了共享同一语言系统之外，有效的沟通还依赖于交际双方对其他相关因素的理解和掌握。交际行为是文化行为，也是社会行为，它必然发生在社会和文化之中，并受众多社会文化因素的影响和制约。对这些相关社会文化因素的了解和掌握是实现有效交际的前提。而影响交际的众多社会文化因素主要包括：宽泛的交际环境，包括文化环境、心理环境和自然地理环境因素等；具体的交际环境——情景因素，这受制于宽泛文化环境，并直接影响交际的环境，包括交际双方的社会地位、角色关系、交际发生的场合、所涉及的话题等；规范系统，“规范是交际环境和语码（语言和非语言）之间的中介系统，不仅是交际行为的制约系统，也是交际行为的解释和评价系统”。同一主流文化内的人们之间之所以能够顺利地进行有效交际，是因为大家在很多方面具有共享，例如，大家“共享”宽泛的交际环境知识、具体的交际环境知识（情景方面的知识）以及社会规范文化等。因此，跨文化交际双方要想实现有效交际，双方在以上这些方面的“共享”也是必不可少的。

教学目的与教学内容都是教学活动的主要构成要素，其中教学目的决定着教学内容的选择，教学内容是教学目的得以实现的媒介，因此英语教学的目的是英语教学中文化导入内容确定的主要依据。英语教学的目的是培养学习者的跨文化交际能力，那么，制约和影响学习者跨文化能力获得的主要文化因素应该成为英语教学中文化导入的主要内容。

基于心理环境属于心理学的范畴，不在本书讨论范围之内，因此英语教学中的宽泛文化环境知识主要包括价值观和地理文化知识。具体交际环境知识主要指与情景因素有关的文化知识，即交际所必须遵循的情景适应性规则。而社会规范体现在交际层面主要包括言语和非言语规则。因此，英语教学中文化导入的内容主要应包括以下几个方面的内容。

（一）情景文化

情景因素是直接影响交际的环境，它受制于宽泛的文化环境，包括交际双方的社会地位、角色关系、交际发生的场合、时间、所涉及的话题等。有效的交际不仅依靠对宽泛的文化环境的认识，也离不开对它赖以生存的情景的认识，因为语码（语言和非语言符号）的使用受制于情景——情景中的社会因素决定谁在什么时候说什么，怎么说，对谁说，为何说等。

不同文化在具体的情景规约，即情景适应性规则方面存在着差异。了解这些差异是实现有效交际的前提。符合某一文化中情景规约的行为在不同文化的相同情景中很可能是违约的行为，可能会导致严重的后果。也就是说，相同的情景在不同文化中其情景适应性规则是不完全相同的。例如，在我国文化中，师生之间在某一特定情景中，如在学校里交往时，所应遵循的情景适应性规则与英语文化中师生之间在相同情景中所应遵循的情景适应性规则不尽相同。这是两种文化在深层文化上的差异在交际层面上的体现。

（二）基础背景文化

基础背景文化指某种语言产生和使用的社会历史文化背景。大学英语教学中对基础背景文化的导入应包括有助于学生理解所学内容的文化背景知识，如目的语的政治、经济、天文、地理、历史、文学等方面的背景材料。缺乏这些知识会导致理解困难，而了解相关的文化背景更能帮助学生进一步理解教材，更恰当地接受并运用材料中的语言知识，教师应在课堂教学中及时讲授有关的文化背景知识。在教学过程中，教师应设法帮助学生了解目的语国家的文化背景并避免用本族的文化标准来衡量其他民族文化，努力培养学生的跨文化意识，避免由于文化差异而导致理解上的错误。

（三）价值观念文化

语言反映一个民族的价值观念、政治信念、宗教信仰、社会准则、风俗习惯、道德标准和思维特征。东西方之间观念存在很大差别。西塔拉姆曾研究过不同文化的价值体系，并按其重要程度做了分类，所比较的群体是西方文化、黑人文化、东方文化、非洲文化。调查显示西方文化在个性、金钱、救世主、标新立异、进取精神、尊重青年、效率、坦率、守时这几项名列第一，而这九项在东方文化中则较弱。东方文化在感激、谦逊、因果报应、集体责任、尊重长者、好客、土地神圣感、和平这八项中名列第一，这八项也正是西方文化的弱项。观念文化的不同必然构成理解障碍。

（四）词语文化

词汇在语言中占有重要的地位，威尔金斯曾说："没有语法不能很好地表达意思，而没有词汇则什么也不能表达。"目前学生中普遍存在一个误区，即认为背单词是提高英语水平的唯一途径。有些学生学习英语相当努力，也确实背了不少单词，但是考试成绩总不令人满意。原因是他们只是记住了词语的字面意义，而在具体的语言环境中词语的意义常常由于上下文的不同而出现很大差别。因此掌握词语的文化内涵就更为重要。

（五）社会规范文化

规范是"社会或群体对所期望的和接受的行为所共享的标准或规则"。它与交际紧密相关，是一套系统的规约，告诉人们应该做什么、怎样做，以及不该做什么。它是环境和符号（语言符号和非语言符号）之间的中介系统。

萨默将规范分为不同的范畴：民俗、道德规范、法律。法律属于政治的范畴，不是我们文化导入的重点。文化导入中的规范主要包括前两个范畴。事实上，道德规范也属于民俗的范畴，只不过它包含了道德和伦理的意义。民俗的范畴中与外语学习密切相关的内容主要有言语规则和非言语规则。道德规范反映在言语规则和非言语规则中主要指一些禁忌语和忌讳的体态语等。

一个社会中人们的言语行为必须遵守其社会或群体所共享的言语规则。言语规则是约定俗成的规则，它制约着一个社会或群体中人们的说话方式与内容，反映了不同社会在文化背景和价值取向等方面的差异。

人际间交流是通过两种形式进行的，一是言语行为，二是非言语行为，后者也是极其重要的交际形式。很多非言语行为都是约定俗成的，为不同文化所独有。因为文化差异的存在，相同的非言语行为可能表示不同的意义，而不同的非言语行为则可能具有相同的含义。

（六）自然地理文化

不同的地理环境会塑造出不同的民族性格。一个国家自然地理环境的知识不仅有助于我们了解和理解一个民族的国民性格、价值观念，还有助于我们理解一些语言单位所蕴含的文化意义。例如，“west wind”和“西风”在中国文化和英语文化中有不同的含义。由于中国和英国地理位置的不同，当西风吹起来的时候，英国正是万物复苏的春天；而在中国则正是深秋或隆冬，天气变冷，树木凋零。因此“west wind”在英语中是希望和力量的象征；而“西风”在汉语中则是凄凉和萧条的代名词。因此，了解一个国家或民族的地理环境是理解这个国家或民族文化的基础。

（七）社会习俗和价值观

语言反映文化，文化的不同必然导致语言的不同。在跨文化交流中，一种文化中人们习惯交流的话题可能是另一种文化中人们设法回避的话题。正确掌握文化禁忌是实现跨文化交际的前提。中国人见面时常问“你吃了吗？”“你去哪？”，交谈中习惯于问对方的年龄、收入、家庭状况等，而这些在西方国家都是交谈的禁忌。此外，在中国，individualism 表示“个人主义”，具有贬义，因为在中国更强调集体表现和合作精神。而在西方，则强调个人表现和竞争，他们认为不愿意显露自己才华的人是不可思议的，这就是文化差异，即价值观不同的问题。这些社会习俗和价值观的差异会给英语语言的顺利交流与应用造成一定的障碍。鉴于此，教师的教学目标和任务是帮助学生跨越或者是填平这些文化差异的鸿沟。大学英语教学中的价值观引导，也就要求教师要注重培养学生的逻辑思维能力和批判分析能力，即对是非善恶的判断与分析能力。

三、大学英语教学中文化导入的原则

不同文化在价值取向、生活方式、思维方式、社会规范等方面都存在差异。不同的社会，人们的举手投足、一言一行都恪守各自的风俗习惯，并反映其价值观念。交际过程中，在遵守其行为准则和社会规范的同时，人们都带着与其自身文化相应的社会期望。交往规则或社会语言规则，不仅因文化而异，而且具有无意识性质。这意味着尽管一个人对自己的母语的使用规则能达到炉火纯青的地步，但他们对规则的存在毫无意识，因为他们是毫无意识地习得这些规则的，而且能无意识地用这些规则去判断别人的言语或交际是否正确得体。由于语用迁移，人们在使用第二语言或外语交际时，尽管语言能力很强，但常常会遇到一些障碍，致使双方难以沟通而产生误解，甚至导致意想不到的后果。这种失误表现在语言使用的各个方面，包括言语功能 / 言语行为的实施（尤其表现在问候、恭维、感谢、抱歉、拒绝等言语行为方面）；篇章组织结构；交际风格；交际策略；交际规则；礼貌规则等方面。为提高学生的语用能力和交际能力，在教学中教师应注意加强文化内容的导入。

（一）主体性原则

新课程标准强调“以学生为主体”的教学原则，这一原则体现在课堂教学中对学习任务的设计，即学生在教师的指导下，通过语言实践来感知和体验，达到实现语言目标的学习，这样就保证了学生主体作用的发挥。因为，只有在语言活动中，学生才自始至终是自觉主动的语言实践者和学习者，而不是传统意义上的被动的知识接受者。学生通过自己的实践和思考活动，可以了解语言知识和能力的获得过程，经历语言学习价值的生成过程，体验成功或失败。由此可见，课堂导入中的学习任务提供了一条有效培养学生情感态度和人文精神的理想途径，学习任务给予了学生体验语言学习意义、培养完美人格的机会，是学生主体性原则的最好体现。

（二）简洁性原则

从系统论的观点看，教学过程是一个系统结构，由导入、呈现、理解、巩固和结尾构成，五者是一个连续的整体，缺一不可。如果只重视课堂导入，而忽视其他环节，再精彩的课堂导入也不能达到整个教学过程预想的结果。所以一堂课开始时就要在尽可能短的时间内激发学生的兴趣，吸引学生的注意力。一旦学生学习的自觉性被调动起来，就要抓住这个教学过程的“黄金时刻”，进入下一个环节，开展正课学习。

导入只是一种准备教学活动，是安定学生的情绪，集中学生注意力，引发学生兴趣，明确学习的目的、任务和要求的过程。其主要功能是集中地让学生为新的学习做好充分的心理准备和知识准备。因此，课堂导入不宜费时过多，通常以 3—5 分钟为宜，应力求做到“简约不简单”。若导入时间过长，就会使课堂起始阶段显得冗长，内容复杂，容易引起学生的厌烦情绪，进而影响整节课的进程。

（三）适用性原则

结合教材内容和跨文化交际本身的需要，传授与文化交际密切相关的适用性文化知识，凡涉及影响语言信息准确传递的文化知识，都应是导入的重点。如果所导入的文化知识与学生能力的提高密切相关，学生的学习兴趣将会大大提高。

（四）实用性原则

文化的内容丰富而又复杂，因此在导入过程中应选取对跨文化交际使用价值大的文化内容。实用性原则要求所导入的文化内容与学生所学的语言内容密切相关，与日常交际所涉及的主要方面密切相关，同时也应考虑到学生今后从事的职业性质等因素。一方面不至于使学生认为语言与文化的关系过于抽象、空洞和捉摸不定；另一方面文化教学紧密结合语言交际实践，可以激发学生学习语言和文化的兴趣，产生良好的循环效应。

（五）差异性原则

学生的学习程度和水平层次存在着差异，这就要求教师在实施课堂导入时要加以充分的关注，让处于不同水平、不同层次的学生都有“用武之地”。例如，对一般水平的学生，要求他们能听懂，按要求去做；对于英语水平较高的学生，则要求他们能用英语来表达思想和开展交流等。同时，对于性格不同的学生，教师在设计不同的课堂活动时，还要考虑到不同性格的学生的需要。对于性格外向、活泼开朗、表现力强的学生可以考虑让他们去表演对话；而对于性格内向、不善言辞的学生，可让他们回答一些自己有把握的问题，以得到教师及同学的肯定，增强学习英语的自信心。这样的教学有助于发展师生之间、学生之间的情感，进而形成一个和谐的学习氛围，激发学生的学习动机。新课程标准把注重学生的情感列为课程目标之一，强调认知与情感的协调发展，体现“以人为本”的教育思想。

“导”与“教”一样无定法，切忌生搬硬套。对于不同的教材和教学内容，也应采用不同的课堂导入方式；即使同一教材、同一教学内容，课堂导入对不同的班级也要有不同的导入设计，使用不同的导入方法。这需要我们根据所教班级的具体特点，进行具体分析而定。对于同一个班级来讲，课堂导入的方法也要经常变换，这样才有利于保持学生的新鲜感。

一堂好课必须有一个良好的导入作为前奏。课堂开始时的组织教学在于集中学生的注意力，引起学生的兴趣，那么新课的导入方法就更为重要。针对不同类型的课题，教师可以用不同的导入语言和导入方法。根据课题的类型、学生的实际情况或者教学的实际条件，教师可以选择不同的导入方式，如讲故事、提问、播放视频、表演、猜谜语、集体讨论、演讲等不同的方式，甚至可以用游戏或竞赛等方法，尽可能让每堂课都有新鲜感，让学生始终对英语学习充满兴趣和热情。

（六）阶段性原则

阶段性原则就是要求文化内容的导入应遵循循序渐进的原则，根据学生的语言水平、接受和领悟能力，确定文化教学的内容，由浅入深、由简单到复杂、由现象到本质。具体地说，初、中级阶段应着重交际文化的导入，因为它直接影响交际过程中信息的传递，属于表层文化；高级阶段则应重点导入知识文化，虽然知识文化在交际过程中不直接影响信息的准确传递，但它属于深层文化，是交际文化的“根”。在实施阶段性原则的同时，教师还必须注意文化内容本身的内部层次性和一致性，不至于使教学内容过于零碎。

（七）目的性原则

导入一定要有较强的目的性，让学生明确将要学什么、怎么学、为什么要学。教学的目的不同，侧重点则不同，各环节的时间分配和组织处理也应有所区别。教师在导入新课时常直接或间接地让学生预先明确学习目的，从而激发起内在动机，使其有意识地控制和调节自己的学习。不论使用哪种导入方式，都应当有明确的目的。为达此目的，用于导入的故事、图片、游戏、歌曲以及所采用的语言材料都要与课堂教学内容密切相关。否则，导入形式再新颖，也不会有好的效果。

有些教师在设计课堂导入时偏离了教学重点，只是为了“导入”而导入，这使得课程一开始就目标不明确，因而无法吸引学生的注意力，有时甚至会误导学生。

教师是游戏活动的指挥者和领导者，设计游戏时要考虑周全，事先评估实施时可能出现的问题，不能生搬硬套。教师还要权衡游戏的作用，只有在明确教学目的的前提下合理使用游戏，才能真正发挥其导入作用。

（八）母语文化与目的语文化兼容并举的原则

在跨文化交际中，人们关注更多的是母语文化对语言交际活动形成的负迁移影响，却往往忽略母语文化同样可以发挥正迁移作用。作为与目的语文化进行对比的工具，母语文化能更深刻地揭示目的语文化的一些主要特征，从而加深对民族文化本质特征的了解。有学者在研究中发现，跨文化交际的文化制约并不是来自对目的语文化的不了解，而是来自对目的语文化和母语文化之间差异的不了解。因此，外语教育中的文化教学既要关注目的语文化的导入，也有必要更好地学习和掌握本族语文化的精华，二者应兼容并举，对两种文化进行对比研究是消除语用失误和文化失误的重要途径。

（九）文化教学坚持中西文化并重的原则

目前大学英语教学中存在的问题之一是一味强调目标语文化的传授，而对中国文化及其表达方式的传授没有给予足够的重视。一些英语学习者由于长期学习英美文化，对英语国家文化的认同超过对自己国家文化的认同，削弱了对母语文化的了解，在一定程度上变成了西方文化的“语言工具”。所以，在大学英语教学中，教师应结合中西文化的关联性，适时、适量增加中国文化元素，加深学生对中西文化的差异性认识。同时，在教材编写方面，注重中西方文化并举，适当增加母语文化知识比例，让学生在接触英语文化的同时也有母语文化输入的机会，这对学生了解目的语文化、认识母语文化具有直接的助推作用。

四、大学英语教学中文化导入的方法

交际文化的传授应该从日常生活的各个方面入手，教师主要向学生讲述英汉常用语在语言形式和风俗礼仪方面的差异。文化导入应侧重知识文化，以提高学生的文化意识和文化修养为主，了解西方人的价值观以及他们的思维方式等。教学中文化导入的方法有以下几种。

（一）直观导入法

心理学认为，人们直接感受事物比通过载体、媒介来感受要来得轻松、生动、深刻。课堂上使用真实的物品、生动的画面或仿真的场景，会使学生有置身其中的感觉，使他们闻其声、见其形、临其境、感其情，沉浸于交际性课堂的氛围之中。

1. 图片导入

图片与实物一样，也是一种非常直观和生动的教学辅助材料，适当巧妙地利用图片往往能收到语言表达难以实现的效果。对于无法引进实物而又距离学生生活较远的内容，图片就可以大显身手了。利用图片导入课堂教学活动通常有以下几种形式。

首先，利用教材中已有的插图导入新课。现在中小学教材一般都配有与课文学习内容紧密联系的插图。为了提示教材的相关内容，在图片中往往附有对图片的描述，让学生对学习内容有一定的了解，再结合图片和教师的提示就能加深对学习内容的理解，有利于激发学生的学习兴趣，提高其参与的积极性。

其次，利用网络搜集图片进行导入。教师通过网络搜集的图片相比课文中的插图更具有新鲜感，但是需要用幻灯片才能达到效果。

另外，对于年龄较小的学生，教师还可以用卡片或者挂图进行导入。比如学习水果名称时，教师可以拿一些卡片展示给学生，让学生说出卡片中水果对应的英语单词，从而让学生认识这些单词。卡片比起实物来说，操作更方便且能重复利用。

根据心理学研究成果，一个人经过一段时间的聚精会神后，注意力的危机就会到来，尤其是年龄比较小的学生，注意力集中的时间较短。而恰当地运用图片有助于学生注意力的转移，从而延缓注意力分散危机的到来。

2. 简笔画导入

在课堂教学中，实物、图画有着特殊的信息沟通作用，但当这两种条件都无法达到时，教师就可用简笔画作为课堂教学的辅助手段开展教学活动。简笔画在现代语言教学中是一种既简便又经济的直观教学辅助手段。应用简笔画进行英语教学，能够迅速地给学生创设生动有趣的英语学习情景，引导学生直接进入英语思维环境，增强他们的形象思维能力，激发他们听说英语的积极性，使课堂气氛变得活跃。

3. 多媒体视听说导入

多媒体集图像与声音于一体，能吸引学生的注意力，增强学习的感官刺激，并能激发学生的学习动机，同时又能加大教学密度、优化教学效果。运用多媒体手段导入新课，采用视听结合的方式，使学生在心理上和知识上做好学习的准备。

传统的教学模式往往以教师为中心，教师仅利用讲解和板书作为教学的手段和方法向学生传授知识，学生则被动地接受教师传授的知识。现代教育主张“以学生为主体”，教师在整个教学过程中起组织者、指导者、帮助者和促进者的作用。教师需利用情景、协作、会话等学习环境要素充分发挥学生的主动性、积极性和创新能力，最终达到使学生有效地实现对当前所学知识进行意义建构的目的。在这种模式中，媒体不是帮助教师传授知识的手段、方法，而是用来创设情境、进行协作学习和会话交流，即作为学生主动学习、协作式探索的认知工具。

视频导入能弥补其他直观导入法的缺陷，集声音、音乐、图片、动画等优点于一身，能快速有效地吸引学生注意力。但是播放时间不能太长，教师应把学生的注意力适时地引导到学习内容上面，否则，不但不能收到预期的效果，反而会分散学生的注意力。

（二）测试法

通过测试学生所学语言的文化知识背景和外语交际能力，找出中国学生在英语学习过程中易犯的文化错误，从而有针对性地导入文化知识，这也不失为文化导入的一个行之有效的方法。

（三）典故引入法

典故是人们在说话和写作时所引用的历史、传记、文学或宗教中的人物或事件。运用典故不仅可以润饰语言，使之丰富多彩、生动清晰，而且能使人们更易于沟通思想。大多数人在说话和写作时都引用历史、传说、文学或宗教中的人物或事件，这些人物或事件就是典故。基于某些词语的神话背景，将这些词语与英语中的其他词语组合而成固定的短语，这些短语表达与相关神话背景相关的语义。在教学中若遇到此类典故，教师应给以仔细讲解。这样，不但能提高学生的学习兴趣，而且能增强他们的阅读能力。

（四）课后补充法

英语课堂教学毕竟有限，尤其是大学英语，要充分利用第二课堂辅助进行文化教学，组织学生观看英文原版录像、电影。录像和电影提供的语境多，可观察姿态、表情、动作等辅助语言手段；鼓励学生大量阅读与文化现象有关的书籍、报纸和杂志，留心积累有关文化背景方面的知识；还可主动与外籍教师和留学生接触交谈；举办专题讲座；开设“英语角”；收听 VOA 和 BBC 英语广播等。这样就可逐渐深入了解所学语言国家的历史、地理、文学、教育、艺术、哲学、政治、科技、风俗习惯等各方面的知识。

（五）课内外活动法

为了更有效地、更有针对性地在大学英语教学中进行文化导入，教师除了采用上述的文化导入方法外，还可“设计各种各样的课内外活动，并尽量使活动融知识性和趣味性于一体，寓教于乐，以激发学习者的热情”。这项活动可使学生复习所学过的词汇知识，发挥丰富的想象力，有机地把语言学习和文化学习在大学英语教学中结合起来。

成功的大学英语教学应是语言与文化相结合的产物，孤立的语言教学不能保障交际的顺利进行。在大学英语教学中，教师不仅要讲解语言知识，训练语言能力，还要注重文化导入，把文化导入的各种方法和途径融合于教学实践中，加强学生文化意识的培养。正如语言学家拉多在《语言教学：科学的方法》中指出："我们不掌握文化背景就不能教好语言。语言是文化的一部分，因此，不懂得文化的模式和标准，就不可能真正学到语言。"

（六）文化习俗对比法

对比法是跨文化语言教学中的一个极为重要的手段。中西文化差异经常成为困扰学生学习英语的阻碍因素，因而将文化教学渗透到大学英语教学的各个方面就显得至关重要。"有比较才有鉴别"，只有通过对比才可能发现学生的母语和目的语语言结构与文化之间的异同，从而产生一种跨文化交流的文化敏感性。礼仪、风俗习惯的中西差异是我们在英语课堂教学中不可或缺的内容。

（七）词汇文化内涵介入法

词汇的文化内涵一般指其感情色彩、风格意义和比喻意义等。由于文化背景不同导致社会观念不同，对同一事物会有不同认识，如不加注意，以母语文化模式去套用，就会引起误解。因此教师凡是遇到在英汉语言里具有不同文化内涵的词汇，就应不失时机地提醒学生。

五、大学英语教学中文化导入的措施

（一）英语教师提高英语国家文化素养的措施

在英语教学中要有效地培养和提高学生的交际能力，首先要弥补英语教师英语文化知识的不足。英语教师继续教育是很好的补缺机会。在继续教育中，要加强文化背景知识的教学，使英语教师深入细致地了解英语国家的历史、文化、传统、风俗习惯、生活方式甚至生活细节，从而提高英语教师的英语国家文化素养，进而为改善英语教学创造条件。

1. 更新教育观念，树立良好的文化意识

英语教师必须认识到英语教学不是被动地吸收英语知识，而应该把英语教学当成一种文化教育，旨在帮助学生树立正确的文化意识观念。英语作为国际

通用语言，教师必须更新自身教育观念，以正确和发展的眼光看待中西方文化差异，培养尊重不同文化的态度和自身的文化交际意识，努力强化自身的文化素养。只有先从思想的高度认识到作为英语教师自身文化素养的重要性，才会努力把英语教学当成文化教育来展开课堂教学。英语继续教育是面向全体英语教师的成人教育，英语教师之间的年龄、学历、职称等方面还存在着很大差异，因此，我们应对不同层次的英语教师实施不同的教学内容。对那些英语文化知识几乎是空白的教师要比较系统地介绍英语国家，尤其是英美的历史、地理、传统、风俗等；对那些曾接受过英语文化教育的教师，要更新教学内容，着重介绍新的语言文化现象。

2. 结合教材内容，有针对性地提高文化素养

读懂英美文化课本不是一件轻松的事情，英语国家有很多，随着对外交往的扩大，对英语国家文化的学习不能仅仅局限于英国和美国。一般的英语国家文化课本已经包含主要英语国家，如英国、美国、新西兰、澳大利亚、加拿大的社会与文化。这就需要教师建立起多维文化视域，用批判性的眼光对待异国文化，适当吸收，可以在教学过程中结合教材对比本土文化和英语国家文化，丰富英语国家的背景文化知识，使自身在文化学习中提高文化素养。教师通过结合教材内容，转变英汉思维，了解差异，树立真正的跨文化意识，有效提高自身文化素养，做一名符合教育发展趋势的英语教师，不断往专业化方向发展。总之，只有吃透教材，形成系统化的社会与文化知识体系，才能在实际应用中胸有成竹、有的放矢，才能有效完成教学任务。

3. 以英美文化课为依托，深化对英美文化的理解

英语教师最系统的文化训练应来自大学期间英美文化学习的课堂。目标语的学习者运用自己的思维形式，用原汁原味的英语叙述自己的本土文化，读懂原著的英语文化是非常具有挑战性而且是非常有意义的。一方面可以综合提升英语语言词汇能力；另一方面又能了解英语国家文化。所以，英语教师应重视英美文化的课程学习，同时要夯实自己理解文化的知识基础，要大量查阅有关英语国家的人文书籍、地理书籍、社会制度的书籍，以课文为依托不断扩充和深化自己的社会与文化知识，不仅要读懂字面的文化知识，更要读懂文化形成的深刻原因。

4. 加强继续教育，扩大对外交流，提升自身文化素养

只有不断加强学习，才能不断提升自我。因此，英语教师可以通过多种途

径，加强继续教育，提升自身文化素养。教师应该深入了解英语国家的人文风情、地理面貌、传统节日等内容。此外，英语教师可以利用互联网进行继续教育，多观看英语电影和外国综艺性节目，从观看过程中感受英语国家的文化，使自身视野不断开阔，进而提升文化素养。最后，英语教师继续教育工作也要适应时代的要求，加强对外的交流与合作，做到“请进来，送出去”。我们应请进英语国家的专家学者直接参与英语继续教育工作和英语教学，增加英语国家的专家学者与我国英语教师进行座谈交流的机会。要经常选派英语教师出国培训，直接了解英语国家，切身感受英语文化。这有利于英语教师认识比较汉英语言、文化的差异，进而有效培养和提高其文化素养。

我国著名的语言学家季羡林曾经说：“世界上万事万物无不随时变化，语言何独不然！一个外语学者，即使已经十分纯熟地掌握了一门外语，倘若不随时追踪这门外语的变化，有朝一日，他必然会发现自己已经落伍。”继续教育中“英语文化”课程的教学要随时把语言现象的最新变化介绍给教师们，因为语言的变化反映了社会文化的变化。

（二）大学生提高英语国家文化素养的措施

1. 充分利用多媒体技术

随着信息技术的不断发展，多媒体正作为一种现代化的教学手段应用于课堂教学，如课件制作、网络教学等。那么教师就能利用多媒体给学生播放一些反映英语国家文化的电影、电视，寓教于乐。还有一些软件也是很好的文化交际教材。这种多媒体教学打破了传统教学的枯燥乏味，从而也可以增强学生的学习热情。

当然，除了在课堂上以外，在网络世界的今天，我们可以通过上网了解一些相关英语国家的信息。这也是当今比较方便快捷的了解英语国家文化的途径。

2. 利用英语课堂传授文化知识

英语教师应当充分利用课堂教学使学生明白英语学习不仅是词汇、语法的学习，更是文化的学习。学生只有懂得欣赏英语国家的文化，才有兴趣学习英语。教师可以在每堂课正式上课之前抽出几分钟时间向学生介绍一些英语国家的文化，也可以让学生自己在课后收集文化方面的材料到课堂上以演讲的方式进行介绍，以培养他们的自主学习能力。此外，教师可利用教材适时导入与教材相关的文化背景知识，这能在很大程度上激起学生的学习热情。

3. 举办中西方文化交流活动

教师可以指导学生组织举办各种学习英语国家文化的活动，如英语演讲比赛、英语知识竞赛、英语国家文化知识讲座、英语辩论赛等。通过学生自身的参与来更加深入地了解英语国家文化和中国传统文化的差异，从而最大可能地减少实际运用英语进行交际过程中遭遇的“文化冲突”。

此外，在条件允许的情况下，我们可以“走出去”，身临其境地了解英语国家的文化。总之，文化是在发展中不断变化的，我们也得用发展的眼光去了解英语国家的文化。

总之，我国目前大学英语教学中的文化导入还做得不是很理想，还需要广大的教育者充分利用各种资源、充分利用各种机会不断地提高自身和学生们的跨文化知识和能力。在课堂教学中的文化导入，教师也不应只停留在讲解对学生理解语言有帮助的“文化碎片”上，还需要挖掘其深层的价值观念或历史渊源，从而帮助学生从整体和概括的高度对目标语文化有所把握，并形成正确的价值判断。最后，跨文化交际不是单行道，而是至少两种文化之间的交流与碰撞，当代的大学生也应该通过对两种文化的对比学习更加了解，甚至能够宣传中国的基本国情和灿烂文化。

第二节　大学英语跨文化教育中的问题与对策

一、大学英语跨文化教学的现状

当今世界科技迅猛发展，国家与国家之间展开的竞争日益激烈。在世界经济发展的浪潮中，中国经济迅速发展，国家综合实力日益增强，中国与世界各国的联系愈加密切。在世界经济一体化和文化日趋多元化的大背景下，已经成为世界通用“普通话”的英语，其在提升国家国际竞争力，在国际政治、经济商贸、信息交流等各个领域的重要作用越发凸显出来。掌握这门语言，能大大提高我们国家的国际竞争力。因此加强大学英语教学改革，提高人才质量是培养具有国际竞争力的高质量人才的关键。

可见，外语教育已被提升到民族振兴、提升国家的国际竞争力的高度来认识。

（一）人才培养观念需要转变

随着全球一体化经济的不断发展，国与国之间的交流与合作日益频繁，这就使得我国需要大量拥有良好知识结构、出色的外语语言能力，熟知外国文化传统和交往礼仪，能够处理国际事务，进行国际交往的“国际化”人才。具体来说应具备如下几个方面：①要正确理解和对待不同文化间的差异的存在。要通过发现其他文化中存在的不足来改进我们自身文化方面的缺陷，以便我们愈加客观公正地对待不同文化，同时，也利于我们在差异文化中查找存在的类似的地方。②要具备良好的文化适应能力。人们在跨文化交际过程中会不可避免地发生文化冲突，冲突的程度会对人们的进一步交流产生或轻或重的影响。人们只有提高自身的文化适应能力，才能保证跨文化交际的顺利进行。③跨文化交际能力是实现文化的双向交流与互动的基础。丰富的词汇和地道流利的语言表达并不能保证跨文化交际的顺利进行，对外国人的历史、地理、习俗、生活方式和价值观念等的了解和理解在跨文化交际中起着至关重要的作用。

随着我国在政治、经济、文化等多个方面改革开放程度的加深，中国人跨文化交往日益频繁，人们普遍意识到只有熟练地掌握、运用外语，提高跨文化交际能力，才能有效地进行国际交流与合作。

因此，在跨文化背景下，英语教学责无旁贷。大学英语教学必须转变教学观念，把教学重点由原来的只注重语言教学转变为在原有语言教学的基础上，加强文化教学，加强培养学生的跨文化交际能力，努力造就国际化人才。

（二）外语教学理论需要更新

跨文化交际不仅仅涉及语言问题，不同文化间的差异的存在，则更是难以逾越的障碍，在交际过程中，人们往往既要遵守语言规则又要遵守一定的文化规则。因而，在跨文化交际中，言语表达方面的文化规则和习俗等语言方面和文化背景方面的知识尤为重要。我国的外语教学，恰恰文化层面非常薄弱，因此外语教学所面临的挑战十分严峻。

文化冲突经常发生在跨文化语境中。曾有学者指出，相对语言错误来说，文化错误则更加严重。因为语言错误只是表明没有把心里想说的话表达清楚，而文化错误则极有可能使来自不同民族的人之间产生误会甚至敌意。要想成功有效地消除交际障碍和交际摩擦，顺利进行跨文化交际，就必须具备一定的跨文化交际能力。

有学者指出，“采取只知道语言不懂其文化的教法，是培养语言流利的大傻瓜的最好办法”。因此，外语教学必须重新定位教学目标，加强对跨文化理解的重要性的认识，要把培养学生的跨文化交际能力放在显要的位置才行。

可见，传统的语言教学理论已经不能完全适应新形势下跨文化交际对外语教学的新要求。外语教学界只有以更加敏锐的眼光审时度势、通盘考虑新的世界局势对人才的需求，对外语教学理念、内容和方法等进行全面改革，才能使外语教学自如地应对新的挑战。

在理论上，我国外语教学界已经普遍认识到外语教学中文化教学的重要性，而在实际教学运行上，教学的现状仍不容乐观。跟踪调查大学生毕业后的英语运用方面的工作表现，能够胜任外事交流需要的学生极少。绝大多数人要么是会看不会说的“哑巴英语”，要么就是交际中随处碰壁的“流利傻瓜”。原因在于他们对异国语言文化缺乏了解和理解，不懂得目的语言的使用规则，交际中常常发生误会，造成严重后果。这些事实足以表明我国的大学英语跨文化教学现状不容乐观。

大学英语是高等院校的必修课，各个院校都在大学英语教学上投入了大量时间、人力、物力。然而，即使是四、六级成绩优异的学生也不见得能流利、得体地使用英语进行交际，这实在是件令人尴尬的事情。其原因在于：大部分课堂上英语教师仍在沿用传统的教学方法，教师讲，学生听，缺少互动。

我国大学英语教学的现状是教师只是注重课本知识，忽视了对学生学习西方文化的引导和指导；大学英语教学模式与教学方法过于陈旧，教学内容不能与时俱进；大学英语教师的专业知识和文化素养有待提高。

总之，大学英语教学不应该只是简单的语言学习，跨文化学习也不仅仅是在英语语言的学习中融入文化的影响，而是要在深厚的中华文化的基础之上，采用对比分析等方法深刻理解目的语文化。

二、大学英语跨文化教学中的问题

回顾我国过去几十年外语教学的理论和实践，不难看出，它基本上是围绕着语言知识教学、词话分析、语法讲解、句型操练这样一条主线进行的，而对语言外或超语言的文化却没有给予足够的重视。这在一定程度上是由于人们受到“语言工具论”思想认识的影响，习惯把语言仅作为一种符号来进行传授。在这种轻文化重语言的外语教学思想的影响下，大学英语教学一直把培养学生的“纯语言能力”作为主要的教学目标。课堂上大多数教学只是停留在语言本身，忽略了与语言使用密切相关的文化因素。

伴随全球化和多元文化的发展，跨文化教学理念已被越来越多的英语教师所接受，英语教师已经普遍认识到跨文化交际知识和跨文化教学的重要性，并普遍认为语言技能训练与文化知识学习同等重要，认识到英语教学不仅仅要培养学生的语言能力，更重要的是要培养学生的跨文化交际能力。语言技能和文化技能的完美结合才能使跨文化交际中的语用障碍和语用失误最大限度地得以避免。但认识归认识，大学英语跨文化教学的有效实施并没有真正得到落实。教师和学生认识上的差距，教学目标、教学内容的制约等因素，使得跨文化英语教学效果不尽如人意。大学英语跨文化教育普遍存在以下几方面问题。

（一）传统中国文化价值缺失

刘长江指出，我国外语文化教学要特别注意两个方面：加强目的语文化和母语文化的学习；注重学习以目的语来表达目的语文化和母语文化。因为在21世纪国际局势迅猛发展，文化的交流是双向的，外语学习的目的是实现“双语文化的交叉交际”。

近几年目的语文化教学在众多高校的跨文化教学中占据主导地位，使目的语文化、目的语传统习俗和交际技巧不同程度地得到传播和学习，但高校教学中忽略了自身的母语文化和母语文化的正迁移作用和意义。这种跨文化教学模式使跨文化交流的双方失去了平衡。

在跨文化交际过程中，人们要相互交流、彼此理解、相互影响。交流也意味着吸收和传播，只吸收，不传播，就不是真正意义上的跨文化交际。

中国文化知识的不足制约着学生在跨文化背景下交流的顺利进行。目前，在外语教学中普遍存在着一些问题。如当前的大学生在跨文化交流时，虽了解一些英美文化，但对本国文化进行表达和介绍时显得力不从心，无论是口语表达还是书面表达都无法在更广泛、更深刻的层次上做进一步交流，“中国文化失语症”现象十分严重。

“中国文化失语症”会给跨文化交流带来巨大的负面影响，最直接的危害就是阻碍跨文化交际的顺利进行，因为我们无法用英语向对方介绍与我们文化相关的一些内容。另外，我们会失去很多向外国传播中国优秀传统文化的机会。如果在跨文化交际中，我们对自身文化发生失语现象的同时，却又一味地去迎合异族文化，没有了自我，其结果必然会陷入文化认同危机，而最终被强势文化所同化、吞并。

在我国的英语教学中，英语教材中的西方价值观占主导地位，中国传统文化内容严重短缺。英语作为西方文化的载体，自然体现西方的价值观念和意识形态。以西方文化为主体的文化教学忽视了中国文化向世界传播的重要性和必要性，不利于学生跨文化交际能力的提高和跨文化交际的有效进行。

因此，要客观辩证地评判异国文化，正确地欣赏和理解本国文化。只有在正确的价值观和世界观的指导下，在深厚的本土文化的基础之上学习、体验、对比、鉴别母语文化与目的语文化，才能正确理解、评判异国文化，才能实现真正意义上的跨文化双向交流。

（二）跨文化教学目标不明确

在大学英语课程教学要求中，跨文化教学给出了一定的教学要求，但是没有做出具体的规定和标准，导致大学英语跨文化教学出现教学目标不明确等问题，给大学英语跨文化教学模式的实施带来很多困难。大学英语教师只注重大学生英语听、说、读、写能力的培养与提高，忽略了英语文化的渗透，给英语文化传播造成一定的阻碍。由于跨文化教学没有明确的教学目标，导致大学英语跨文化教学实施缺少具体的教学指导，教师不能正确把握英语文化的教学程度。

（三）英语教材设置不合理

教材在课堂教学中起着重要作用，学生的学习以及教师的教学都是依据教材进行的。英语教材的内容多是科技性以及说明性的文章，这样的文章不利于跨文化的学习。现如今，在实际的教学过程中，依旧侧重主干知识的教学，即重点讲解语法、词汇等语言方面的知识，对文化的介绍依旧很少。另外，由前面的定义，我们可以知道跨文化是两种或者两种以上不同文化群体之间的交流，现在的英语教材要么就是偏于科技性、说明性文章，要么就只介绍英语的文化，而对于中国文化的介绍特别是对于中国文化的英语表达的介绍少之又少。这就导致很多学生会用英语表达诸如情人节、圣诞节之类的西方节日，但对于七夕等中国的节日缺少了表达。这也在一定程度上影响了跨文化交流。

（四）学生学习英语的功利性问题

在外语教学中，教师是教学的主导，起着引导、指导的作用，而学生是学习的主体，在众多影响外语学习的因素中，学生是事关外语教学效果的内因，是学习成败的决定因素。学生的学习态度和动机决定了学生是否有积极的学习行为。

学生对于英语文化的学习很被动，相当一部分学生学习英语是为了应付考试和为出国创造条件，并不是日常生活的积累或者兴趣使然，更谈不上为社会的进步和发展尽义务、做贡献。

许多企事业单位在招聘人员时往往把是否通过大学英语四、六级考试，是否拥有四、六级证书作为考核学生英语水平的标准和录用与否的重要条件之一。这就使得影响日益扩大的四、六级考试成绩似乎成了衡量学生英语水平的唯一标准。

（五）跨文化教育的方法相对简单

教师不善于灵活运用跨文化教育的教学方法。从目前情况看，多数英语教师还不能掌握各种现代教学法，特别是还不太善于根据具体教学目的需要选择各种教学法中最适用的部分。教学中偏重语法和句法，偏重语言交际，忽视文化因素以及非语言交际。英语教学中往往只注重书本知识，而对如何引导学生大量阅读西方文化和获取跨文化交际知识，对拓宽学生的知识面重视不够、方法不得当。以教师为中心的教学原则和方法，既忽视了学生的主体作用，也不利于培养学生的跨文化交际能力。适合跨文化教育的英语教学方法很多，如听说法、交际法、认知法等都对外语教学理论和实践的发展做出了巨大贡献，但也都是不同时期不同教学理论的产物。近年来，国外一些新的教学方法不断被介绍引进，拓宽了英语教师的视野，也给英语教学注入了活力。教师必须深入研究和采用不同的教学方法，才有可能实现跨文化教育的目标。

（六）学生对外来文化的心态不够合理

我国的外语教学远离目的语文化的环境，并受整个教育体制和考试体制运作方式的制约。我国学生的母语属汉藏语系，与印欧语系极为疏远，文化传统和语言特征，包括语音、语法和文字系统迥然相异。作为正规教育机构中受教育的学生，他们学习英语的直接目的可能是通过考试，拿到文凭。所以，考试往往起着指挥棒的作用。语言教学要服从整个课程设置的要求与安排，而除了考试，语言能力和交际能力难以用外部的条件和标准来检验。此外，我国的国情环境和社会伦理结构作为文化传统的一部分，对英语的教与学，尤其是学习动力也产生相当大的影响，可以说学生学习英语的工具性动机不十分明确，主要是外部动机在起作用，即为升学而学。

目前的外语教学明显地落后于经济的发展和社会的需求。首先，学生只重视知识的接受，忽视已有知识的运用。虽然有些学生的语言能力较强，但跨文化理解能力普遍较弱，如对交际方法、交际规则、礼貌规则等方面的知识知之甚少。不熟悉目的语国家的思维模式和社会文化背景，对隐含文化内涵的语言现象和行为不理解，在跨文化交际中经常误解对方以致交际失败。其次，当代学生普遍对中国传统文化知之甚少。所以我们需要通过跨文化教育来使我们的大学生养成尊重、开放、宽容与平等的跨文化心态，引导他们形成比较合理的跨文化意识。

（七）跨文化教学与实践联系不紧密

在大学英语跨文化教学中，教师对中西文化存在的差异没有给予高度重视，误导大学生的英语学习方向，使跨文化教学不能与实践紧密联系在一起，导致跨文化教学的效果一直处于不理想的状态。教师在英语课堂上进行文章结构的剖析时，没有按层次进行逐步讲解，使大学生学习英语的兴趣得不到有效增强。当大学生在学习英语文化时，不能对语句顺序和句意进行深入的理解，导致大学生在实践过程中经常出现语句错误的情况，从而严重降低大学生学习英语文化的积极性和主动性。

（八）教师跨文化教育的意识和能力不够强

教师是学生获取文化信息最重要的源泉，教师的知识结构、教师对文化和文化教学的态度都关系到文化教学的成功与否。教师对外语文化教学的不同理解，都与其具体的文化教学行为（如教学内容、教学方法的选择）有直接的关系。在具体的教学实践中，教师应有意把文化信息的渗透与语言技能的教学紧密地结合在一起，在帮助学生学习和掌握语言技能的同时，还应积极地引导学生自觉了解和适应目的语文化，培养学生对目的语文化的敏感性和洞察力。

外语师资质量无疑是外语教学质量的保障。在目前我国英语教学的条件下，学生通过英语教师获得英语能力是其英语学习的主要途径，有时甚至是唯一的途径。所以，外语教学不同于其他学科的教学，外语师资的质量在很大程度上决定了外语教学的质量。由于我国英语学习者人数众多，优秀英语教师一直处于短缺状态，教师整体质量不容乐观。就大学英语教师而言，教师学历结构严重偏低。就教师目前的状况来说，无论是专业水平，包括语言知识、语言应用技能、跨文化交际理论和教学法知识等，还是教学理念和教育观念，都不能适应现代外语教学的要求。因此，提高英语教师的整体素质刻不容缓。

教师自身运用英语进行跨文化交际的机会不多，其文化敏感性不强，跨文化交际能力较弱。出国进修对于大多数中国英语教师而言只是一个不可能实现的梦想，虽然近年来有机会出国进修的英语教师人数有所增加，但由于缺乏系统的文化培训和学习研究，外语教师往往不能够正确地定义文化。关于文化的内涵，他们或者认为文化包容一切，或者列举一些易于观察、易于捕捉的文化现象，至于深层次的文化信息如思维模式、价值观念等，常常被教师们忽略不计。

这种片面、肤浅的文化理解大大妨碍了文化教学的深入开展。教师基本上是根据个人兴趣与时间各自查找、补充相关的文化信息。教师对相关跨文化知识的教学材料的分类和理解各有不同，对教学内容缺乏统一的认识、缺乏统一的或集中的讨论和总结。多数的文化教学是以背景知识介绍的形式进行的，文化被当作静止不动的知识和信息传授给学生，文化教学处于可有可无的状态，教师完全随心所欲地对待文化内容。这就使得文化教学依附于语言教学。有些教师进行文化教学完全是为了引起学生的注意，而不是为了文化教学本身，因而他们的文化教学也不是课前精心策划的教学内容，而只能是语言教学的调味剂，常与语言教学脱节。

虽然教育部明确要求大学英语教学要注重培养学生的综合文化素养，但文化教学方面并没有可与语言技能教学相比的具有可操作性的完整体系作为指导，而是仍处于盲从状态，严重影响了跨文化外语教学的实施。

很多大学英语教师没有充分认识到跨文化教学的重要性，还是把教学的重点停留在词汇、语法和句型等语言知识层面。由于教师本身的跨文化交际知识储备不足，也由于大学英语教师的跨文化教学意识太过于淡薄，外语教学中的跨文化教学，在我国的实际状况无法令人满意。

外语教学很难改变学习者对于目的语文化的了解和认识的固有模式。大学生们的社会文化能力与交际能力远远落后于他们的语言能力。现有的教师、使用的教材和采用的教学方法都根本满足不了跨文化学习的需求。

（九）“文化中心论”的心理干扰因素

在跨文化交际中，人们对其他文化的态度直接影响到其跨文化交际行为。由于难以摆脱母语文化的约束，文化态度中一个极为突出的问题是，人们深受母语文化观念的羁绊，在处理问题时习惯不自觉地从母语文化的角度去观察和对待其他文化，最突出的心理干扰因素是“文化中心论”（或称“文化优越感”）“文化模式化”和“文化偏见”。

1. 文化优越感

文化优越感，或称文化中心论，是阻碍跨文化意识形成的最重要的原因。受文化优越感毒害的人会不自觉地将母语文化的风俗习惯、交际规则、思维方式和价值观念作为唯一的标准，去衡量和判断世界一切文化的行为，与之一致者才是正确的，其他则都是错误的和不好的，都必须加以反对。文化优越感患者处处以自己的文化为中心，认为自己文化的行为标准必须是所有文化的标准。

文化中心论造成的恶果必然是对其他文化和其他社会的严重偏见，无法客观地认识和对待与自己不同的文化。文化中心论会使人们失去获取跨文化意识的意愿与要求，一切以自我为中心。持这种态度的人认为只有自己的国家、自己的城市、自己的州或省和自己的民族才最为道德，自己国家的政治体制是唯一合理的，其他人只能了解“我”、认同“我”和适应“我”。

2. 文化模式化

受文化模式化毒害的人本着固有的成见和先入为主的态度，事先设计好一种模式，将其硬套在其他文化头上，采用过于简化、过于概括，甚至加以夸大的手法将其他文化进行硬性分类，将别的文化的一切现象都强行塞进自己设计的模式之中。例如，文化模式化论者认为美国人都很富有、无拘无束、过于友善、讲究物质利益；意大利人感情丰富、情感外露；英国人保守、礼貌、勤奋而且爱喝茶；德国人固执、勤劳、循规蹈矩，而且爱喝啤酒；远东人则含蓄、机敏、狡猾，而且难以捉摸。

3. 文化偏见

文化偏见论者采取的是一种由于固有的成见所持有的不公平、带偏见的，甚至是顽固不化的歧视态度对待与己不同的文化，喜欢专门搜集可以证实自己偏见的“证据”，对与之矛盾的其他事物和现象则置若罔闻。持有文化偏见的人总是以所谓的“自我参照标准”，即以自己的文化价值观为标准，来评价或衡量处于不同文化中的人的行为或事物。在国际商务活动中，经营管理者的文化偏见必然导致企业的经营管理，尤其是人力资源管理和市场营销等方面发生偏差，进而影响企业的经营绩效。

三、大学英语跨文化教学中的对策

现阶段大学英语教学的现状与跨文化教育的效果，远远不能适应改革开放的需要。自从我国加入世贸组织后，国外文化大量涌入，有人提出了重视本土化文化、英语教学本土化的要求。所谓英语教学本土化，就是强调使用带有中国本土特色的英语表达，即将非母语文化的“中国”现象和内容置于英语的“形态”之中，从而将“中国因素”较为顺利地引入英语话语及国际文化的对话中，使中国文化更好地走向世界。当代国际交往中，国际合作和交流已经深入政治、经济和文化的各个领域。英语教学既要培养学生的国际意识和对异域文化的理解，也要注重培养其本土意识；使学生既成为外来文化的吸收者，又是本土文化价值的继承者和传播者。英语教育中要强化汉语文化的教育，努力培养英语学生本土文化的意识，只有对本国优秀的传统文化有了充分的认识并不断深化优秀传统文化的修养，才能更好地理解他国文化，从而进一步拓展自己的跨文化心理空间。要改进大学英语跨文化教育，具体可以从以下几方面入手。

（一）明确教学目标

2007年教育部颁布的《大学英语课程教学要求》提出："大学英语的教学目标是培养学生的英语综合应用能力，特别是听说能力，使他们在今后的学习、工作和社会交往中能用英语有效地进行交际，同时增强其自主学习能力，提高综合文化素养，以适应我国社会发展和国际交流的需要。"新的教学目标变传授知识为发展能力，体现了当代教育变革的发展趋势，更有利于英语学习者的知识、素质、能力三者的结合。新教学目标的定位既考虑到国家对外改革开放的需要，也满足了跨文化教育的目标，即培养学生对外国文化习俗的兴趣，增强对文化差异的理解和认识，初步形成跨文化交际意识，用尊重与包容的态度对待异文化。增强跨文化意识将有利于促进学生对英语学习的主动性和积极性，有利于激发学生了解世界、融入世界的冲动和欲望，这种热情必然增强学生对英语学习的兴趣、提高他们的学习效率。

英语教学跨文化教育的目标除了体现在跨文化意识的培养方面，还涉及跨文化知识的获得和能力的提高。所谓跨文化能力，也就是与异民族交往的行为能力，尤其是在跨文化交往中，避免和消除跨文化冲突的能力。跨文化教育对教师业务水平和综合素质的要求较高，教师要与时俱进、更新教育观念、提高自身的文化素质，使自己成为教学者和研究者，使教学与研究并重。

1. 树立正确的教学理念

外语教学中跨文化教育的开展首先应注重观念更新和认识提升。目前，跨文化教育的相关思想在我国外语界仍是比较前沿的理念，国家教育行政部门作为教育相关政策的制定机构对跨文化教育的理解和解读将直接影响到我国跨文化教育开展的效果。由此，教育行政部门的专家和领导应该借鉴、比较欧美国家的跨文化经验，从战略高度审视跨文化教育所具有的时代意义，明确其目标和内涵，确定符合我国国情的跨文化教育目标、原则和方法，为外语教学提供依据、明确方向。

在跨文化教学中，教师首先要更新自身的教育理念，要始终坚持"语言教学与文化教学有机结合"，从语言学习、语言意识、文化意识和文化经历相互联系这四方面同时入手，充分发挥母语文化在文化学习中的作用。其次，外语教师不能仅满足于做一个传授语言知识的“教书匠”，还应该努力成为一名“会通中西”的学者型教师。我国著名学者吴宓、钱钟书、叶公超等人之所以声名显赫、受人敬仰，不仅仅因为他们的外语水平高超，更重要的是，他们学贯中西，人格俊逸，文、史、哲无一不通，可谓大师级通才。

近年来，体验式英语教学作为一种全新的教学理念和教学模式越来越受到英语教学研究者的关注。基于体验式学习理论的体验式教学模式要求教师根据教学内容有目的地创设生动逼真的教学情境，使学生在较为真实的环境里有效获得所学内容，使其理论知识、应用知识得以扩展，技能、技巧得以提高。通过直接接触学习内容，学生能够亲自实践和体验，在自由独立、情知合一的情境下，培养实践创新的能力。体验式教学模式的核心就是体验直接经验。

建构主义理论是体验式英语教学理论的发展基础。建构主义把学习看作一个建构的过程，该理论要求学习者在学习中要积极主动，发挥主体作用。建构主义强调学习者的中心地位，教师在整个学习过程中应该是学生意义建构的协助者、促进者，而不是知识的提供者和灌输者。建构主义从教学方法看多种多样、各有不同，教学环节中含有情境创设和协作学习却是其共性所在，学习者不是简单被动地接收信息，而是基于情境创设和协作，最终主动地实现自身对所学知识的意义建构。与以往以教师为主导的知识传授式教学模式相对比，体验式教学模式更加突出强调以学习者为中心，认为自主学习十分重要，它更贴近学习者“内化”的学习认知规律。真实语境的创设和模拟能够激发学生的学习积极性和参与体验的热情，使学生在真实语言的感受和体验中，发现语言的应用技巧和使用规则并应用于语言实践。这一理念反映了当代外语教学理论的新进展，既符合以往交际教学法的原则，又体现了“任务教学法”的特点。除此之外，体验式教学不受时空限制，多媒体、网络教学资源为体验式学习创造了更丰富的体验。利用多媒体和网络，体验式教学增加了学习过程中的趣味性，使学生的感官和思维受到刺激和激发，从而积极、主动、快乐地学习和记忆语言文化知识。文化不是一成不变的，不是一个静止的概念。文化是动态的，是随社会的变迁而变迁的。以往发生的事情会影响语言表达的含义，语言的意义也会对未来的事件产生影响，未来的经历又会影响到具体的语言意义，这是一个周而复始的过程。在社会进步、发展的同时，世界各民族的思维方式、价值观念、生活方式、社会规范等各个方面也都在发生着重大变化。因此，在外语教学过程中，应以学生为主体，加强学生的文化学习体验，培养学生自主学习、积累文化知识的能力，注重培养学生的文化敏感性，提高学生应对文化差异的主动性和自觉性。

因此，要确保跨文化教学的理论研究形成体系，以全新的教学理念、清楚的教学思路促进课堂内外的跨文化教学，在各个方面采取措施，加深教师对外语教学中跨文化教学的认知，使其更好地投入到跨文化教学中。

2. 提高教师自身的素养

教师要想在英语教学中实施跨文化教育，发挥主导作用，使学生的能力得以发展和提高，其本身必须具备较高的专业知识和专业技能。英语教师必须具备英语词汇、语义、语用方面的知识，同时必须具备较高的外语听说读写的技能。教师要做到这一点，一要有强烈的学习意识，二要坚持不懈。另外大学英语教师应该充分利用身处高校这一有利的学习条件，选择适当的专业，采取跟班旁听或攻读第二学位的方法来充实和完善自己的知识结构，把自己培养成一专多能的复合型人才，以适应社会需要。按照加强跨文化教育的要求，英语教师要有较强的文化意识，还要更多地注重源语言文化背景知识和相关知识，使文化教学贯穿于长期的教学活动中，以使学生了解中西文化的差异，拓宽视野。

（1）教师作为跨文化教育的实施者，首先要更新自己的教育理念

外语教学要培养的不仅仅是具有特定文化能力的学习者，更应当是具有跨文化能力的外语人才。外语教学传授给学习者的不仅仅是语言，还有世界观。正像拜拉姆所说的，由于语言必然要涉及语言使用者关于世界的感知与认识，只要是教语言，就不可避免地是在教该种语言本族语使用者的文化。归根结底，外语教学的重要目的不仅仅是习得外族文化，而是发展学生表达自己的观点及文化的交际能力。英语教师应该认识到跨文化教育是一种理念，不同文化各有其特点，无所谓优劣；不同文化可以互补，贵在善于吸收和扬弃。英语教师要积累深厚的跨文化知识，形成较强的跨文化意识，提高跨文化交际的技巧，使跨文化教育的理念得到内化和深化。

（2）教师要具备批判性、创造性思维

就我国的外语教学现状而言，现有的跨文化教育和跨文化交际能力模式都有一定的局限。高一虹认为要在“素质教育”的框架内进行文化教学，揭示了交际能力的培养在本质上就是人格的培养和人性的实现，即把语言教学和对人的全面教育直接联系起来。学习外语不仅仅是掌握一种工具，更不仅仅是学习一种技巧，而是转换一种思维方式和习惯。所以，英语教师首先要明确英语教学教授的不仅仅是英语的躯壳，而应该是有灵魂的英语。从语言技能教学转向内容教学才是中国英语教学和跨文化教育的根本出路。思维才是语言学习的真

正动力和自然机制。要培养学生的英语创造性思维，教师首先就要改变格式化的思维定式。要有一定的批判意识和观点，能识别各种文化观，并在跨文化教育实践中不断对自己进行批判性反思，从而形成客观的文化意识，能够在保持自身文化价值的基础上实现不同文化间的对话与合作。

（3）教师还要不断加强自身的母语文化修养，改进跨文化教育策略

教师应对自己的民族文化有深刻的了解，具有对民族本土文化的深刻的认识，夯实民族本土文化的功底。要学习、研究母语的文化，具备双重文化的理解能力。在外语教学中，切不可一味地关注目的语文化的教学，忽视母语文化的教学，这样就等于丧失了理解目的语文化的基础。事实上，目的语及其文化传递的信息必须首先经由母语文化的"过滤"。只有通过与母语文化的比较，才能发现两种文化的共性与差异。同时，教师还应该以海纳百川的博大心胸认真学习和及时吸收来自其他国家和民族的文化营养，加深对其他国家和民族文化的理解，从而以多元文化的身份观察和研究多样性的文化，在不同文化的比较对比中发现各自的个性特征和优势，提高自己的跨文化能力。

3. 注重对教师的继续教育

跨文化教育的主角是教师，要培养和提高学生的跨文化交际能力，必须重视教师的作用。只有教师具备了较强的跨文化交际能力，才能在课堂上通过各种方法与途径实现跨文化教育的目的。

由于以往教师教育中跨文化观的缺乏，致使培育出的教师跨文化教育意识淡薄。因此，首先要明确继续教育的目标，即"以新的理论、新的知识、新的技术武装教师，使他们在继续教育中不断树立现代教育思想和观念，熟悉现代教育理论，拓展专业知识，了解学科前沿发展动态，掌握现代教学方法和技术，使教师实施素质教育的能力和水平得到明显的提高"。其次，要更新观念，设置跨文化视野的课程。继续教育要将培养具有跨文化教育观的教师纳入培训目标。教师除具备扎实的教育专业素养与学科专门知识外，还应具备基本的文化人类学素养与跨文化教育的智能。

（二）加强教育引导

对学生的跨文化教育应贯穿在英语教学的过程中，体现在文化内涵的传承上。要自觉地开发多种渠道、多种方式，将跨文化教育渗透到阅读、口语、语法、词汇的教学中。拓展文化教学的内涵和外延，将整个英语教学视为一种文化过程教学，将文化教育融入英语教学的各个环节中，学会以目的语文化的相关理

念、思维方式等为参照，反思我国的传统观念和思维方式，改变一些落后的教育理念和方法，转变师生角色和课堂教学模式，从而使师生双方都能在学习英语的同时，拓展思维方式，对中西文化进行扬弃、整合，将静态的语言文化知识的学习转化为动态的文化素质建构。唯有如此，培养学生的跨文化意识才不会是一句空话。

英语教学中的文化教学内容也不能局限于英语国家的文化。所谓“跨文化意识”，是对特定文化的超越，其内涵非常丰富。它要求我们从整个世界的角度去认识问题和考虑问题，既包括对英语国家文化的敏感性，也包括对非英语国家文化的敏感性；既通过学习英语认识英语国家的文化，也是在以英语为媒介了解世界文化。因而，我们的教师不但要帮助学生以开放的心态学习英语国家的文化，更要鼓励学生通过英语了解世界万象，培养学生的国际意识和跨文化心态。

1. 语言与文化有机融合于课堂教学

课堂是跨文化教学的重要阵地，课堂实施是完成教学内容、实现教学目标的决定性环节，文化内涵发掘主要针对语法、词汇、篇章等多个语言层面的文化探索。

（1）增加语篇与语法的文化教学

语篇一般用来指文章、会话等比句子更大的语言单位，是使用中的语言。它是特定语境和社会文化中语言运用的产物，语篇的形成和样式反映了意义交流时的社会文化语境。口头篇章所涉及的交际风格和交际策略与文化密不可分、息息相关，而书面篇章则是通过篇章结构以及修辞风格来体现其文化内涵。语篇与文化有着密切的联系，不同文化的人所使用的、制造的语篇是不同的，不同的语篇也会建构不同的个人经验和社会现实。

斯科隆等人认为，英汉语篇之间的差异主要源于两种语言分别倾向于采用演绎式和归纳式的话语模式。东西方人在修辞策略方面的差异与各自的文化价值取向有着密切的关系。只有从文化的角度来分析不同语言的语篇修辞模式，才能真正厘清语篇思维模式的关系。

在进行语篇教学实践时，要尽力将文化教学融入其中，即把文化教学作为教学目的和教学内容中不可分割的一部分，突出其重要性。而在教学实践中可通过设计读前和读后任务以及相关文化的讨论和学习将学习者的注意力吸引到篇章内容上这样既达到了语篇分析的目的也能帮助挖掘东西方在思维模式、价值取向等方面的文化异同及其对于篇章结构产生的影响。

除语篇之外，语法结构也与思维模式等文化内容有着不可分割的关系。语法同人们的思维模式息息相关，包含着丰富的文化内容，也是人们表达内心感情世界的一种手段。

不同民族的哲学思想塑造了各自不同的思维模式，不同的思维模式又造就了各具特色的语法形态，不同的语法形态特征又呈现出其特有的语言表达方式。各民族思维的方式、特征及风格一般都蕴含有丰富的民族文化底蕴。换句话说，一个民族的语法系统和语法使用规则常会受到其所属的语言群体的思维和文化特点的影响，因此不同语言中组词造句的规则不尽相同。西方人的思维方式趋向于呈现由外向内的演绎思维，其特点是逻辑性实证能力较强。这种思维方式在句法方面表现为具有明显的词汇形态特征，便于保持句子成分之间的逻辑关系。与西方人不同，中国人趋向于呈现由内向外的归纳法思维，对整体把握和意念体悟十分关注，其特点是逻辑实证性较差，这种思维方式在句法上表现为没有明显的词汇形态特征，其逻辑关系的保持是靠意义的连接而非靠形态句子成分之间的标记，因此，汉语句子常使用流水句，且句子短小精悍。

英语语法教学也不同于汉语语法教学，其重点主要为时态、语序、句子结构。在教学中，教师可以通过区分不同语言中的时态，对比语序方面的异同以及句子结构的差异来寻找不同语言的文化根源，如思维差异等，以此来实现语法教学与文化教学的结合。

（2）加强词汇的文化教学

词汇是文化的重要载体，也是外语教学的主要内容之一。因此跨文化外语教学要充分利用学生对词汇学习的关注与兴趣，使词汇及其蕴含的文化意义的教学成为跨文化教学的一个重要组成部分。

词汇主要包括单词、词组、习语（成语）、谚语以及警句，它们标志着一个民族的语言、文化、习俗乃至整个社会的发展，并充分体现了其语言群体的思维模式、价值观念、文化环境、文明程度以及生活习惯。

由于词汇在不同时代、不同社会和地理环境中使用时会产生不同的差异，因此词汇必须呈现在文化语境中，由此才能确保学生所学到的不是孤立的字面意义，他们学到的应该是活的词汇意义系统。

（3）加强听、说教学过程的文化教学

听、说教学是语言教学的一个重要部分，也是学生最为感兴趣的一部分。因为，听说活动可以让学生产生参与感，并有机会切实感受跨文化交际过程，使学生感知不同的文化差异并提高交际能力。但是，需要注意的是，听与说都要建立在实际内容的基础之上，也就是说，认真选择、合理安排听说内容至关重要。在文化教学中，教师必须确保听、说内容的真实性以及实用性，即听、说的主题是来自真实的生活，听、说的材料具有一定的意义，并能够反映出本族文化和目的文化的不同侧面。因此，编写听、说教材时不仅要考虑学习者的语言水平和学习需求，还要密切注意相关文化内容编排的一致性和系统性。在安排教学材料和教学内容时，要注意使文化教学的需要与语言教学的需要有机结合，使学习者在系统地学习语言知识的同时，也扩展了其他文化知识，增强了文化交际能力。即使教材的编写者有时会受到时间和篇幅的限制，很难做到将目的文化的某一侧面细致全面地展现给学习者，也要注意提醒教师和学习者在教学和学习过程中对文化变体以及个体差异给予足够的注意，避免由于以偏概全或者过度概括而引起的偏见。

教师要注意利用课堂内外听、说活动，将非语言交际技巧、交际策略融入学生语言交际能力培养的过程中，利用文字、图片、音频相结合的方式来刺激学习者的感官，使他们有一种身临其境的感受。此外，多媒体教学也是进行跨文化听、说教学的重要手段，同时通过将各种跨文化交际情景真实地展现给学习者，促进了学习者跨文化交际能力的培养。

（4）加强写作教学中的文化教学

外语学中，写作教学与阅读教学和听说教学齐头并进，贯穿于教学的始终。尽管写作的体裁不尽相同，决定了其写作内容和写作要求各有不同，但文化教学仍然可以与写作教学机地结合在外语学习的各个阶段。

写作不仅体现了作者的个人经历、生活经验，更能呈现作者的思想价值观念，也就是说能够反映作者所身处的文化环境，因此常被看作讨论和学习日常生活、风俗习惯和价值观念等文化内容的理想基石。

教师可对比同一主题下学生的作文与西方人的文章，引导学生思考，发现思维方式的异同，也可以指引学生寻找修辞风格的差异，如修辞格、引用方式、论证方式及谚语、俚语的使用，并进一步探索不同语言的深层文化根源。与背景知识导入相似，这部分教学也是以教师的讲授为主来增加学生的知识积累和提高跨文化意识的。在阅读与写作教学过程中贯穿跨文化思维能力的训练，让学生通过了解东西方思维方式的异同，体会跨文化交际实践中形成跨文化思维的重要意义。

2. 创设课外文化学习环境，培养学生自主学习的能力

自主学习要求学习者根据自己的实际情况确定自己的学习目标、制订学习计划、科学地评估自己的学习结果，这是体现学习者对自己的学习主动负责的

过程。自主学习强调的是学习者的学习能力而不是学习过程。大学里学生要明确自己的主体地位，教师起的只是指导的作用。在课堂上教师只是进行指导式的讲解，学生只有通过大量实战才能掌握技能。所以，自主学习在学好大学英语中扮演着一个很重要的角色。学生要以语言规则的认知、操作和掌握为基础，努力培养自我创新的意识和能力，通过发掘和运用自身原有语言认知能力，提高对自身知识水平和学习风格的认识水平，逐步学会掌控个人的学习过程、学会选择学习方式和评估学习结果，最终克服英语学习中的畏难情绪，帮助自己建构个性化的、卓有成效的英语语言学习体系。

教师在课堂上所讲述的内容肯定不可能满足各类学生的要求，那么“第二课堂”的开辟就是很有必要的。它要求学生根据自身的特点利用时间来安排个性化的学习计划及学习进度。

教师要以学生为中心，根据学生的个性进行培养，在传授语言知识与技能的基础上，重点培养学生的语言交际能力和自主学习能力。

总之，“第二课堂”作为课外学习的主体，是对第一课堂的完善和补充，有利于拓宽学生的知识面，调动学生的学习积极性和创造性，实现学生综合素质的全面提高，有助于学生跨文化交际意识与跨文化交际能力的培养。

（三）科学选择教材

教材选材时，既要考虑提高跨文化交际能力所能涉及的各个方面，又要注意设计形式多样的练习对学生在纷繁复杂的跨文化语境中进行交际所需要的各种技能加以训练。如从跨文化知识的导入入手，解释语言表达中的文化内涵，扩大与文化有关的知识面；通过案例分析与点评，提高学生的全球意识与跨文化敏感度；通过情景模拟、角色扮演等让学生接触各种跨文化语境中的跨文化冲突，以培养学生观察与分析跨文化问题的能力；最后进入培养学生观察跨文化生活或工作环境中的文化问题，如各媒体所报道的新闻，或通过各种调查，或在实习中观察跨文化语境等。这些方法都是提高学生交际能力的关键要素与途径。如果教师在课堂中忽视这一教学环节，那就不可能真正提高学生的跨文化交际能力，或只能提高学生的跨文化意识和跨文化敏感度。要使英语教材内容更适应跨文化教育的需要，可以从以下几个方面考虑。

1. 追求语言材料的真实性

现代外语教材的一个重要特征就是“求真”。它反映在目标选材和练习的各个方面，把学生和教师作为真实的交际对象，运用多种真实的任务来进行外语教学，才能使教学交际化。真实的交际要求教材以人为本，把学生当作有思想、有情感、有社会性、有文化性和有创造性的人。语言材料的真实性指从实际交际活动（口头和书面）中选取的材料，而并非编教材的人自己撰写的。其中许多部分涉及场合、身份、相互关系等社会因素，因而它还包括跨文化的真实性，即真实反映社会环境、人文思想、地理历史、思维方式等多层面，可以促进不同文化相互理解和交流。教材要重实践练习，不以语法为中心，而是围绕题材、目的或语言概念以及语言信息和语用功能来编著。

跨文化的教材编写队伍应包括社会学家、人类学家、语言学家等，经仔细选材、按主题分类的跨文化教材既具综合性，又具科学性。跨文化教材有利于鼓励学生以一种开放的胸襟积极体验外国文化，通过分析比较，在两种文化间建立联系，以批判的态度审视外国文化。

2. 体现文化内容与语言内容的自然融合

大学英语跨文化教学的教材内容的编排应以文化主题为单位，在每一个部分中都突出文化、突出语言，在潜移默化中，让学生灵活、牢固地掌握语言的使用。正如张红玲所说，“语言内容和文化内容有机地结合，是跨文化交际外语教学的核心思想。语言和文化同为教学的目的和手段，两者不可分割。在教材中，系统的文化主题构成教材的主线，而语言教学的内容实际上与这些文化内容融合一体”。

教材要充分考虑学生学习外语的需求、语言环境、知识结构和层次等多方面因素，将蕴涵社会习俗、历史、宗教、特别是价值观等方面内容融入中西文化对比研究中，让学生学会如何对待差异。

3. 深化对母语文化的理解

在全球语境下，广泛的社会交流使文化教学成了外语教学的重要目标。然而，外语教学的任务很难单靠外语课完成。不能因强调尊重目的语国家的文化传统，就忽视了本民族具有特色的文化传统。实际上，英语在不断扩大影响的同时，各民族文化也在不断与之抗衡，进而造成两者的相互影响和交融。可以说任何国家的外语教学中文化教学的内容都是两国文化的交汇及矛盾之处。跨文化教育给我们审视本国文化提供了良好的机会，所以在选择教材内容时要充分利用跨文化的词汇、短语、句子以及成语和典故。总之，跨文化教学的目的就是努力培养英语学习者的母语文化意识，以促进学生对本国文化的反思。

4. 内容安排应循序渐进且多面化

文化的复杂性、动态性和多层次性决定了文化教学内容的安排不能只是古板的说教或是传授过知识后，就一劳永逸。以文化为主题编写的教材须是有渐进性的、可操作性的，能弹性循环进行教学。唯有这样，学生对文化的体验与认识才能不断地深化。

教材内容的呈现要按照由浅入深、由表及里、从已知到未知、从具体到抽象的序列进行安排，课程内容在不同阶段上重复出现，范围逐渐扩大，程度不断加深。跨文化学科的教材要具备系统性、一致性、层次性、前沿性以及时效性的特点，注重与时俱进。

（四）改进教学方法

教学方法的改革是跨文化教育实践所要涉及的另一个重要问题。跨文化的研究结果表明，不同文化背景下学生的认知能力、理解能力、逻辑判断与逻辑思维能力等方面均有明显差异，因此，教学方式和策略也应该因学生的不同而不同。以跨文化教育为目的的教师应拓宽思路和视野，把不同的外语教学方法应用到英语课堂教学中去，以学生为中心，从学生的智力发展特点出发，使教学方式与学生的认知结构及生活经验相结合，更好地实施有效的跨文化教育。

1. 传统认知派教学法

中国学生一般习惯于外语认知派教学法，其特点是重视语言知识的传授、利用学生的本族语、重视发展学生内在的智能、激励学生积极思维。传统认知派教学法中，无论是语法翻译法还是自觉对比法都有较好的效果。

在教学过程中，可以采用认知法传授知识，并结合具体情况以语法翻译法和自觉对比法为辅助。认知法重在理解和领悟，可以发展学生的智力，有利于激发学生的积极思维，使他们掌握科学的学习方法。语法翻译法和自觉对比法则能加强学生的逻辑思维能力，并使学生借助母语加深理解。

2. 引入联结派教学法

联结派教学法是以经验主义的哲学观点为基础，重视外语话语与实物、观念、概念等外部世界和思维的直接联系；侧重口头操练；强调反复模仿，大胆尝试，从习惯到自然地掌握外语。联结派教学法又可分交际法、直接法、听说法、视听法等。

外语教学法中不存在适用于各种情况的固定教学法，应合理地综合运用认知派和联结派的各种方法，总体来说，随着学生水平的提高，语法翻译法应逐步减少，交际法应逐步增多。教师要了解学生的兴趣和目的，深入研究各种教学法，适当地择优选用，要沿着继承、引进、创造的路子，博采众长，灵活运用。

3. 采用整体语言教学法

虽然整体语言教学法最早出现在美国，但实际上我国外语教师在教学实践中逐渐形成的一些教学法与整体语言教学法理论的观点在许多方面不谋而合。整体语言教学法是“自上而下”的语言教学法，提出应将语言作为一个整体，而不是孤立、零散的部分学习。它试图在真实的上下文情景中教授或学习语言，提出语言的功能是建构意义，语言学习的目的是满足学习者在现实生活中的真实需要，进行有意义的人际交流。

小组练习是整体语言教学的一个重要手段。课堂上学生参加小组讨论，并相互交流阅读体会。整体语言教学以内容为中心，主题单元是教学安排上的一个显著特点。这种教学方法有利于学生围绕某一个跨文化的主题进行阅读、写作、讨论；教师采用讲座、调查、参观、访问等多种方式激发学生的求知欲，使学生从多层次、多角度认识某一跨文化问题。整体教学以学生为中心，通过建立图书角、墙报、学习小组等形式，营造轻松、愉快的学习环境和积极的学习气氛，启发学生将所读的内容同自己的经历和现实生活相联系。笔者认为，我国大学英语跨文化教育应借鉴整体语言教学的理念，重视语言的整体性，体会作者的写作思路、文化观，加强语篇水平的训练，提高理解文章中文化意义的能力。

4. 引导学生采用研究性学习方式

20 世纪 90 年代起，我国英语教学界在学生的学习风格、策略和个人因素等方面展开了一系列的研究，有关研究性学习的实践随着整个教育体制改革的进程，得到了切实的贯彻。研究性学习改变了学生以往单纯地接受教师传授知识为主的学习方式，为学生构建开放的学习环境，提供多渠道获取知识并将其运用于实践的机会。在英语教学中，教师通过提供信息、启发思路、补充知识、介绍方法和线索，引导学生质疑、探索和创新。

当前世界范围内较为流行的研究性学习模式共有九种，即开放课堂学习模式、框架下的发现学习模式、以兴趣为导向的探究性学习模式、以问题解决为导向的学习模式、项目研究模式、角色扮演模式、小组合作学习模式、习明纳课程模式和服务学习模式。英语课堂上要结合具体情况使用不同的研究性学习模式来实施跨文化教育。目前国际上有人把研究性学习看作一门课程。作为课程的研究性学习强调通过研究性课程使学生掌握研究方法。无论是将其视为方法还是课程，其实质都是强调学生的独立性和主动性，强调通过个人探索和个人研究的过程发现问题和解决问题，并由此培养一种问题意识。

研究性学习又被看作一种学习方法或教学方法。研究性学习强调学生通过自我探索、自我发现和自我研究的过程，培养学生的学习自主性、独立性和积极性。在研究性学习过程中，学生始终处于主体地位，他们既学到了知识，又锻炼了直觉思维能力和创造思维能力。

研究性学习的开放性、研究性和实践性的特点，要求大学英语课堂的教师改变教育观念、教学内容，变革以往的教学模式和教学行为。在师生探索新知的过程中，师生围绕要解决的问题共同完成内容的确定、方法的选择。学生在教师的指导下，确定研究的课题；改被动地记忆为敏锐地发现问题，主动地获取知识。英语教师在教学中应充分利用研究性学习对学生进行跨文化教育，有意识地开展一些英美文化背景知识方面的讨论活动，指导学生收集资料，然后就材料的内容进行扩展性介绍和讨论，再与汉语相应的文化内容做对比分析。通过对每个与英语文化有关的主题的发现、调查、探索和研究分析，学生能够体验和感受英语国家的文化，排除民族文化差异的偏见，培养尊重他人的民族习惯，从而透视各种文化的异同点、独特性及其价值观。

总之，任何教学方法的形成都有其社会文化根源，各有所长，可以说每一种教学方法都认识到外语教学的某些方面，教师应该考虑到所处的文化环境，不应把自己局限于某一固定的模式内。要根据各自的教学目的，考虑现有的条件和可以创造的条件，取长补短，走折中之路。在课程组织中，教师既应注意作为教学活动的组织者和参与者的责任，又要充分调动学生的积极性，根据学生的特点，了解其学习目的和兴趣，采用与之相适应的教学法。只要围绕着跨文化教育这一目标，广泛深入地研究各种教学法，博采众长，得到师生的充分理解和积极配合，就能产生良好的效果。

（五）加强文化测试

在大学英语的各项测试中，加强西方文化测试，以提高大学生的英语文化成绩。在大学英语的教学评估中，建立完善的评估体系，将文化评估作为重要的组成部分，以提高大学生对中西文化的熟知度，从而在文化知识、交际能力和情感交流等方面，增强大学生的英语学习兴趣，有利于随时检测大学生的英语学习情况，对于促进大学生综合素质的全面发展具有重要作用。例如，将跨文化教学测试和语言测试结合在一起，根据不同阶段的英语学习特点，制定合理的评估标准，使跨文化教学测试向着正规化发展，以促进大学英语跨文化教学有效性的不断提高。

大学英语跨文化教学在当今全球政治经济一体化的大背景下，显得越来越重要。一方面，它将为我国与世界其他国家的政治、经济等方面的往来提供复合型人才，培养适合当下激烈竞争的外语人才；另一方面，它也将为中国的文化走向世界提供桥梁。

第三节　外语课堂教学中心转换模式

我国外语教学法长期以来，基本上采用语法翻译法，其主要目的是培养学生的阅读和翻译能力，其手段是首先让学生熟记语法规则和例句，然后通过演绎的方法和翻译练习巩固语法概念。此后，我国外语教学界先后引进了视听法、听说法、交际法、阅读法、情景法、认知法、情感法、理解法等。各种外语教学方法之间是承前启后、取长补短、相互促进的关系。因此，我们从众多的外语教学方法发展过程中可以感受到其内在的发展规律。

一、外语课堂教学中心转换模式的提出

近几年，在我国大学外语教学界，针对外语教学模式进行了有意义的探索和尝试，取得了一定成果。除了传统的以教师为中心的教学模式有所突破以外，还出现了以交际为导向、以学生为中心、以学习认知为目的的教学模式。但是，笔者认为我们在进行外语教学模式改革的同时，应注意这样一个问题：在任何一个教学模式中，其参与者都为教师和学生，因此，在教学过程中，教学中心应该因教学内容、教学任务、教学方法、学习策略的不同，存在一个在教师和学生之间不断转换的过程。以下将从教学模式的层次性、教学模式的可变性、教学模式的效率性这三个方面针对外语教学中心转换模式进行论述。

（一）教学模式层次性要求外语课堂教学中心转换

现代外语教学有三个不同层次的模式：

①宏观模式（或语言教学模式、英语教学过程模式）。

②中观模式（大纲设计层次模式）。

③微观模式（课堂教学模式）。

在不同层次的教学模式中，教师和学生所处的地位是不同的。任何一个外

语课堂都是这三个层次的具体体现。

（二）教学模式可变性要求外语课堂教学中心转换

第一，教学阶段可变。在不同的教学阶段应该采取不同的教学方法。每一级教学要求不同，教学设计必然有所侧重。因此，在具体设计课堂模式时，随着学生水平的提高，应力求体现方法和形式上的变化。第二语言对于学习者来说是一门外语，没有母语那种得天独厚的语言环境。“进行外语教学，教材是信息输入的主渠道。但给学生输入什么样的信息，按什么顺序输入，起关键作用的仍然是教师。然而，仅输入教材的内容是有限的，教师应根据教学需要，有目的地选择、过滤与教学直接和间接相关的信息，经过加工整理输入（不是灌输）给学生，以培养学生的学习兴趣，扩大学生的信息量和知识面。”因此，在课堂的语言输入过程中，教师应该是教学的主体，是语言信息的发出者，学生是信息的接收者。

第二，教学认知主体的变化。学生和教师是教学活动的认知主体，而教材和其他的现代化教学设备是教学认知活动的媒介。由于在不同院校，学生和教师的情况也不相同，即使同一院校在不同时期，学生和教师也是不同的。例如，学生在年龄、教育背景、外语基础、学习动机、目的、期望、语言技能的强弱、学习策略等方面存在很大的差异。同时，任课教师本人的专业基础、语言水平、教学经验、语言技能的强项、教学方法的偏好、对教学效果的期望等，也是截然不同的。此外，不同的教材和同一个教材在不同的使用时期，教学设计也不是一成不变的。随着教师理论水平的提高、教学经验的积累，他们会逐渐认识到原有设计的不足，并重新设计教案，课堂教学质量也随之进一步提高。因此，我们在实际教学过程中，教学中心不是固定地以学生或以教师为中心，而是在教师和学生之间不断进行着转换。

第三，教学中应急性可变。在课堂实践过程中，经常会出现一些意外情况，课堂设计不可能对此做出预先考虑。这就需要教师发挥应变能力，临时对课堂内容和授课计划做出相应的调整；并且在课堂教学过程中，针对某一个知识点临场更换教学内容的情况更是普遍存在。

第四，其他教学因素的可变。教学班级的规模大小、课堂学时的多少、教学条件和设备优劣、外语专业和非外语专业的不同要求等，都会引起外语课堂教学模式的改变。

（三）教学模式效率性要求外语课堂教学中心转换

知识经济时代要求我们在教学过程中，不仅要重视外语教学的方法和内容，更要注意教学效率。树立教学效率观念、提高外语教学效率是外语教学成败的关键。提高外语教学成效的关键是依据语言规律和语言学习规律，确立一条符合人的认知规律的外语学习路子。在此基础上，建立科学的教学目的，创设有效的教学模式，进行外语教学和教学效果的科学分析，这样才能提高外语教学的效率。外语教学是教师和学生互动的活动，在整个外语教学的活动中，固定把教师或学生作为中心进行课堂教学活动，都不能提高外语教学的效率。

二、外语课堂教学中心转换模式的原则

外语课堂教学中心转换教学模式的理论基础、基本原则和教学过程是以语言学、心理学、教育学、社会学等为依据。我们知道，语言学习过程是一般要经历语言输入（从音、形、义以及语言的文化背景）、语言内化和语言运用等三个语言信息加工、存储、提取的阶段。因此，外语课堂教学中心转换模式应服从以下三个原则。

第一，语言知识与语言能力并重，两不偏颇。

一方面必须依据学生需求和实际的外语基础和水平来选择语言材料以及安排教学任务；另一方面，教师要转变观念，明确自己在课堂中的地位和作用。根据语言获得的规律，在听、说、读、写、译五项语言基本技能之间，有一个语言机制转变的过程，必须在足够的语言材料的“输入”之后，才能逐步转化为说、写、译的能力。所以，教师应该成为语言输入的重要桥梁。一方面教师要对语言材料进行详细的讲解；另一方面教师要不断地提出启发性问题，使学生在学习语言的过程中不断提高学生对语言规律的认识。教师应是学生语言学习过程中语言内化的催化剂，要根据不同学生的外语基础、学习目的、学习方法等因素，设计出多种多样的教学活动，以满足不同层次的需要。教师应是语言输入的组织者，要让每个学生都积极参与到教学活动中来，充分地调动和发挥学生的积极性和学习潜力。培养和训练学生的学习能力，而不是单纯的语言知识点的学习，目的在于引导学生综合运用各种语言的知识积极参加相关的语言实践活动，逐步发展学生实际运用语言的能力。

第二，在语言内化过程中，必须形成教师和学生的双向交流、互动教学。

在以往的教学中，教师为外语课堂教学活动的中心，课堂基本上是教师的“独角戏”。诚然，“讲解”的作用与必要性是不可否认的。过多的讲解只能

改变学生的内在语言信息的存储量，却无法最大限度地激发学生的积极思维和培养学生用语言进行分析、思索和归纳以及发现语言内在规律的能力，即无法实现语言思维和语言技能的内化。外语课堂教学中心转换模式是在教师和学生之间进行一种动态的平衡运动，使学生投入到语言学习活动中去，激发他们的学习兴趣。

第三，充分利用课堂时间，提高外语学习效率。

在外语课堂教学活动中，教师一方面要引导学生从宏观上对语言材料进行理解和分析，另一方面，针对结构复杂、内容费解的句子及语言点，教师应进行详细讲解，不能因为强调听、说而统统一带而过，这样学生会难以消化这些知识点，造成似懂非懂的状态。总之，在外语课堂教学中，语言知识要精选、讲透。只有精选，才能为语言的输入提供准确而翔实的材料；只有通过反复操练和必要的讲解，才能完成学生的语言知识的内化，才能保证学生对新知识点的获得、巩固和转化。同时，语言操练环节应坚持省时、参与面宽、讲究实效的原则。

外语课堂教学中心转换模式科学地将学习语言的自然规律与我国外语教学实践相结合，并且本着力求时效、博采众长的原则。在教学中，既让学生打下了坚实的语言基础，又增强了学生的语言使用能力，使教和学在整个教学活动中进行了动态的平衡和有机的结合。

第四节　英语翻译教学中译者的跨文化意识培养策略

为培养学生的跨文化意识，教师应在训练学生掌握语言基本功的同时，帮助他们熟悉交际文化因素，并能够深入了解和掌握知识文化的内容。教师在翻译教学中通常会采用以下几种策略来处理翻译中的文化因素。

1. 重视文化知识

教师在进行翻译教学时，不应忽略文化知识要点的教学，要注意语言和文化知识的结合。课程结束时，教师要对语言知识和文化知识进行一个小结归纳，使学生的语言文化知识系统化。尤其应该注意的是，在期中和期末考试的试题中，文化知识的考核应占有相当的比例。

2. 运用灵活的教学手段

在进行英语翻译教学时，教师要灵活地运用各种教学手段，可采用英语实景电影纪录片、VCD 或多媒体等直观教具进行教学，在教学结束后还要组织学生进行讨论。教师应提醒学生在看纪录片或 VCD 的时候，注意片中西方人日常生活的情景。例如，餐馆服务员和顾客对话、打电话时的习惯用语、大街上相遇时的交谈等。看过之后，教师可以和学生交换意见，并通过追忆片中情景，相互提醒，补充片中的对白、旁白、独白等。这样的教学方式对学生获取基本交际文化知识十分有效。

3. 提高学生的阅读量

教师应根据各年级学生的英语学习程度，在教学中有选择性地、适当地引入一些英语国家出版的涉及这些国家文化内容的书籍、报刊等，将其作为学生的阅读材料，来拓展他们的文化知识面，深化他们对英语国家知识文化了解的程度。教师也可以让学生阅读短篇故事或剧本，要求他们记下其中有意义的文化细节等。事实上，在西方国家，以现实生活为题材的小说、剧本等材料中都包含了大量西方文化方面的内容，对于学生加深对其他国家文化的了解很有帮助。同时，提倡学生阅读有关历史、人类学以及社会学方面的书籍，不仅可以帮助学生了解能够体现其他国家文化的具体实例，还能使其掌握一些与文化有关的概念与指导原则，而通常情况下，概念与指导原则往往比实例更为重要，因为它们会给学生提供一个合理的结构，借助这个结构，学生可以更加细致、深入地对本国及别国的文化进行仔细考察。这样一来，学生也就可以用一种比较灵活的态度来尊重、对待这些文化差异，也就不会一味按本国文化的模式看待其他文化。除此之外，一些跨文化交际学方面的书籍可以帮助学生提高对文化差异的理解与认识，如《跨文化交际学概论》《超越语言》《中英（英语国家）文化习俗比较》《英语习语与英美文化》《跨文化非语言交际》《从翻译史看文化差异》等。

4. 合理运用外籍人士资源

合理运用外籍人士资源是指学校邀请外籍教师作为短期讲学者给学生讲课，或定期请外教、外国专家举办相关文化的主题或系列讲座的行为。部分学校常常会举办一些关于社会组织、价值观念、思维模式等有关西方文化的报告或讲座，这些活动常常被学生认为实例新颖、生动幽默、趣味盎然，在学生中受到广泛的欢迎，同时也因为这一做法投资少、效果佳，现在已经被证实是非常适合我国现阶段大部分地区高校实际的优选教学法之一。除此之外，大多数学校都十分鼓励学生与母语是英语的外国人进行交往，其原因在于轻松的个人间的交往有助于学生学到许多课堂上学不到的东西。但到目前为止，这样的交往在很大程度上受到各方面条件的限制，因此开展得不够普遍。

5. 在教学内容中融入相关的文化

在教学中，教师应结合具体情境将教学内容融入相关的文化知识之中。教师可以利用课前几分钟，讲解英、美国家的有关知识，特别是文化差异方面的知识。例如，在 4 月 1 日，教师可以给学生介绍西方愚人节（April Fool's Day）的相关知识，同时也要告诉学生，这一节日的目的是使彼此开心而不是搞恶作剧。在介绍感恩节（Thanksgiving Day）之前，教师可引导学生将自己了解到的感恩节内容与中国的中秋节进行对比，然后指出尽管我们国家没有感恩节，可是我们也要对父母、朋友心存一份感恩之心。圣诞节（Christmas）是英语国家最重要的一个节日，就像春节是中国人心目中最重要的节日一样，而且两者存在着许多共通之处，如圣诞大餐和除夕团圆饭、收送圣诞礼物和收送压岁钱等。在师生的热烈交流中，学生可以兴致勃勃地重温相应的一些单词、词组，例如，Merry Christmas、Santa Claus、Christmas tree、make cards、wrap presents、get presents、give presents、eat turkey、the Spring Festival、lucky money 等。

由于培养学生跨文化意识的方法多种多样，不同的执教者所采用的方法也不尽相同，所以取得的效果也就存在着差别。长期以来，国内外研究者对培养跨文化意识的有效方法的探讨一直没有停止过。相信随着跨文化交际学、人类学、社会学、社会心理学和教学法等学科研究的发展，人们会探索出越来越好的培养跨文化意识的方法。

第五节　信息技术支持下的翻译教学模式

随着计算机技术的迅猛发展，多媒体技术和网络技术在外语教学中得到了广泛的应用。尤其是近几十年，各种多媒体外语教学课件和软件不断地被推出来，许多外语教师将多媒体教学课件运用到课堂中来，多媒体计算机辅助外语教学逐渐成为一种新的外语教学模式。

近几年，在翻译教学方面存在一些不尽如人意的地方，全国各高校都在扩大招生规模，造成班级人数多而且英语基础参差不齐，很难做到因材施教。用多媒体计算机进行英语教学可以弥补以上的不足。计算机辅助外语教学改变了传统的“课堂”概念，不论是计算机房，还是学生宿舍，甚至家中都可以成为课堂的一部分。课堂不再是教学唯一的地方，而是教学的一个有机组成部分，英语教学也不再是完全的集体行为，而成为个体独立的行为。计算机辅助外语教学既保持了传统特色，又可以发挥软件便于管理、升级方便的特点，使外语教学能够随社会和现实的变化发展，从而更能接近社会实际，更为全面地提高学生运用语言的能力。计算机辅助外语教学还改变了“教师”的概念。不仅在课堂上授课的是教师，一台电脑、一个软件都可以成为英语学习者的教师，外语教师可以在网上随时为您解决外语疑难问题。计算机辅助外语教学软件还可以取代教师工作中纯粹的机械性的劳动，使教师更为有效地进行面对面的教学活动，从而做到因材施教，使教学过程更富有成效。

一、多媒体语言教学将改变大学翻译教学模式

信息技术的飞速发展，正在不断使大学公共外语的教学内容、教学手段、教学方法和教学考核等方面发生根本性的变化。多媒体语言教学将改变传统的教学理念和教学方法。在传统的英语教学当中，教师是课堂的主导者，学生被动地听讲，知识的传授是单方面的灌输。这样的教学模式下培养的学生缺乏学习主动性、创造性和实践能力，实际应用语言的能力提高很慢，跟不上时代迅速发展的步伐。多媒体语言教学从根本上改变了传统的英语教学模式，它标志着一整套全新的教学思路和方式，打破了传统的以教师和课堂为主体的“固定”教学思维模式，将教学变成了一个动态过程，突破了时空局限，将会给传统的英语语言教学带来巨大的变化。

传统的课堂教学以教为主，学生只是被动地听讲，机械地做笔记。多媒体课堂教学追求教与学的合作化，以讲引导思维，以讲激发感情，并赋予学生学习的主动性，变学生的“被动听讲”为“主动学习”，由“要我学”转变为“我要学”。传统教学的班级授课方式使学生缺乏与教师之间、与同学之间的交流与协作；多媒体网络式教学则提供了师生之间交流、学生之间协作的机会和条件。基于多媒体教学的众多优势，我们可以考虑在不改变原有文字教材的基础上，结合使用多媒体课件和多媒体网络。

二、多媒体技术丰富了翻译教学技术手段

多媒体教学课件和软件已成为翻译教学的各种技术手段中最新、最有效的辅助教学手段，将多媒体引入翻译教学课堂也已成为近年来教育界关注的一个热点问题。就外语教学媒体而言，多媒体技术有助于提高教学效果，尤其是模

拟现实和提供语言应用的环境将使外教学事半功倍。多媒体外语教学使用了媒体信息、音频信息、视频信息、远程数字信息等，提供了用于外语教学的全部媒体。外语语言教学需要记录和重播声音，需要提供实景的播放，需要语言、文字、情景同步提供给学习者，需要语音的矫正、领读，需要语法检查、拼写校对等功能。新一代计算机外语教学软件基本上可以提供以上的所有功能。通过计算机网络还可以实现外语远程教学。

三、多媒体与外语教学相结合的具体方法

（一）教师要选择适合学生需要的多媒体课件和软件，以作为对课堂学习的有益补充

当代学生思想活跃，愿意接受新生事物，乐于紧眼时代的节拍，而课堂教学提供的教材容量有限、内容滞后，教学内容往往因跟不上时代的步伐而显得落伍。传统教材使学生很难涉猎全面广泛的知识，很难获得国内外各学科领域的最新信息，进而难以适应社会、经济和未来的发展。如果选择恰当的多媒体作为外语教学的辅助手段，可以充分发挥多媒体集声、文、图、像于一体的优势，可以大大调动学生的积极性，以发挥学生的主动性和创造性，展示学生的才能和潜力。

（二）多媒体技术和传统文字教材在课堂教学中的并行使用

在传统的文字教材中，教学内容主要是描述性的文字和补充说明性的图形和图表；文字符号是静止的；效果主要是在视觉上的；教学内容的线性结构和顺序都是以教为主的，阅读时顺序性很强，学生只能在教师的指导下获得正确的事实、概念及其层次逻辑关系。因此，传统的文字教材不够生动，学习起来自由度不大、灵活性不强，而且难以促使学生已有的知识结构向新知识结构进行有效迁移。现代的多媒体软件中，教学内容可以用文本、图形、图表、图像、动画等多种媒体相结合的方式，有利于学生激活原有的知识，通过推测、判断、联想来轻松地获得新知识。多媒体教材中统一性和灵活性的完美结合为学生提供了一种动态的、开放的认知形式，有利于学生主动参与、自主学习。

（三）多媒体课件使学生在课下单独来完成诸如语法、听力、口语操练等内容成为现实

大学生在入学前已经进行了 6—9 年系统的英语语言学习，已掌握基本的英语语音和语法知识，认知单词 1800 个左右，并在听、说、读、写方面受过

初步训练，因此，在课堂上进行大量的语法、听力、口语讲解和练习，无疑是在浪费时间。同时，我们也不可能在短短的几堂课内把所有学生在这几方面的问题都解决了。在课下，学生可以选择适合自己的课件来解决这些问题。这样既节省课堂时间、提高课堂的学习效率，又培养学生自己发现问题、独立思考、解决问题的能力。大学外语教学可以从注重语言本身转到注重语言习得和语言运用上，从偏重语言知识传授转到侧重学习方法上，从而培养学生实际运用语言的能力。

我们应该正确评估多媒体技术在外语教学中的作用。多媒体并不是解决当前所有外语教学问题的秘方，它只能使好的教学更上一层楼。如果使用不当，则会降低教学质量。在外语教学改革中，教学方法的改进和课程的改革应该放在首位，其次才应考虑多媒体技术与英语教学的结合。在外语课堂上，我们即使不使用多媒体，仍可通过在课堂上增加互动性内容的方式来激发学生的学习兴趣，给学生提供更多实际运用语言的机会。在课堂教学中，要以学为主，以教为辅。我们对多媒体教学不要期望过高，多媒体技术只是辅助教学的手段，多媒体教学不是要替代课堂教学，而是丰富了教学的手段。总之，多媒体语言教学符合外语教学发展的规律，多媒体计算机外语教学可以满足公共外语个别化教学、自助式学习的要求，符合现代化教学思想，使外语学习不再成为负担。

第六节　基于现代信息技术的语料语库对翻译教学的影响

随着 21 世纪的到来，我国的高等教育有了迅猛的发展。当前，网络教育和网络资源逐渐成为高校重点建设的项目，但很多地方高校的网络设备未能发挥它应有的作用，而地方高校建设网络资源库的又很少，在一定程度上影响了地方高校的发展。通过建立网络资源库，既可以收集相关的专业学科资料，也可以进行信息的交流与共享。网络资源库既是学生自主学习的资料库，也是教师改进教学方式、提高教学质量的一个高效便捷的信息源。

教育部明确提出，要加强课程优质网络资源建设，并把信息技术作为提高教学质量的重要手段，广泛采用信息技术，改变高校人才培养模式，不断推进教学资源的共建共享，逐步实现教学及管理的网络化和数字化。

一、当前地方高校网络资源库存在的问题

（一）库内资源质量不高、资源盲目堆积

许多高校的资源库只是在数量上满足教学的需要，而不是在“质”上。这些资源并不完全是针对实际教学而设计、选取的，更没有考虑校园网络教学资源对常规教学和学生自主学习的实际需要，因此很多网络教学资源并不符合实际教学的需要，尤其是不符合学生自主学习的需要。尽管教学资源数量很大，但是真正能够应用到课堂教学和学生自主学习的更是寥寥无几，表现就是“书本搬家”或“教案搬家”，没有体现出教师的教学特色和教学个性。

（二）教学资源库的结构与实际教学科研相脱节，造成资源利用率偏低

地方高校现有资源库普遍地存在使用效率不高的问题，其主要原因在于网络资源库建设者把工作的重点放在资源网络的“量”上，数据容量虽大，但是各种数据信息良莠不齐，导致网络资源库与教师和学生的实际需求存在很大差距，造成网络资源的实用性差。现有的网络教育资源缺乏按学科性和研究方向性进行的分类，因此针对学生而言，这些网络资源往往是杂乱无章堆砌在一起的，使用起来效率偏低。对于资源库的另一个使用者——教师而言，网络资源库的利用率也不是很乐观。其原因有三：一是很多教师固守陈旧的教学理念，缺乏改革和创新的精神；二是的资源库本身在质和量上存在很多不足，教师不愿使用资源库；三是学校缺乏针对网络资源库使用方面的必要的培训和使用网络资源的激励机制。

（三）在技术层面上缺乏系统性和兼容性

每一个教学资源库必须自成系统，具有完整的架构。首先应该是学科的完整，现在有的高校的网络资源偏科现象非常严重，例如，工科类院校完全侧重工学，缺乏人文知识，这种资源结构既不利于自身的发展和建设，又不利于教学和学生的自学。其次，任何资源都有一定的时效性，网络资源库也不例外。教学方法的改革、教材的不断更新、科学技术的突飞猛进要求网络教育资源库的资源必须与时俱进、不断更新。而现存的地方高校的资源库却暴露出落后于教学的发展、落后于科学技术的发展的尴尬。这一现象已成为制约高校资源库建设和发展的瓶颈。

二、地方高校在信息资源整合实施过程中应该遵循的原则

（一）效率性原则

信息资源的整合要在充分把握整体规划的前提下，了解本学校的各专业和学科的特色，发挥自身优势，既要积极主动地将本校的信息资源整合，又要注意避免重复建设。

（二）系统性原则

信息资源整合是一个系统性的工程，所以在项目实施的时候应注意考虑信息资源整合对象学科的完整性，注意全面规划。整合后的资源系统应能反映资源间的内在关系，使资源得到合理组合，取得最好的组织结构和组织功能。

（三）多维性原则

该原则指信息资源本身和用户需求的层次性。要求按学科类型、研究层次、问题解决方式进行多维整合。

（四）兼容性原则

该原则指信息资源整合的发展性和不间断性。只有通过连续、系统、动态的整合过程，教育资源才能发挥持续效用，才具有生命力。

（五）实用性原则

该原则指信息资源整合的目的性。整合后的教学资源应满足课堂教学和学生自学的需求。

三、地方高校网络资源库建设的内容

以佳木斯大学为例，在 2008 年针对学科建设和理工、医学、人文学科资源进行了整合，相继成立了五个实验室和一个人文社科研究中心。笔者针对大学教学资源整合提出构想——佳木斯大学的网络资源库应分为如下四个部分。

（一）学科网络资源库

佳木斯大学现有学科涵盖了文学、理学、工学、医学、经济、教育、法学、历史、管理、农学十个学科。笔者认为应在此十个学科二级资源库下设各学科的专业资源库。每一个学科都下设学科发展史、学科前沿发展趋势和动态、权威学者介绍、学科期刊与杂志、学科论坛等，以便于教师和学生了解该学科的

发展态势，以及跟踪学科发展。

（二）研究室网络资源库

佳木斯大学建立了六个中心，每一中心都有自己的研究课题与图书资料室，包括优秀学术研究论文和科研成果。该库的建立可以使教师和学生了解和掌握本专业科研已取得的成果以及本专业在国内外的最新发展动态。

（三）非文字材料库

该库用于存放各门学科教学需要的各种素材，包括音频素材、图片素材、视频素材、动画素材、图形素材。这些素材既能够满足教师教学的需要，又能够吸引学生去浏览，从而提高学生的学习兴趣和自学效率。

（四）院系自有资料库

各学院根据自己学院的办学特色建立自己的二级学院资料库，包括电子教案、自主学习课件、讲授课件、网络课程、试题库、习题库、所有毕业生的毕业论文等。以论文库为例，它主要存放所有专业的毕业生论文，用于支持教师和学生通过网络查询所有本院和本专业的论文，教师和学生在撰写毕业论文时，既能够避免课题的重复研究，同时还能了解本专业的前沿动态。

地方高校网络教学资源库建设是一个庞大的系统工程，它需要不断充实、不断扩展、不断发展更新。因此，建设高校资源库，是一项长期的工作任务，需要不断的探索和努力。地方高校管理者必须对网络教学资源库的建设给予足够的重视和投入，这样才能构建起高质量的地方高校网络教育资源库，才能使网络教育资源在高校教育发展过程中发挥重要的作用。

参考文献

［1］张慧宇．翻译对比及跨文化启示［M］．北京：中译出版社，2016.

［2］胡蝶．跨文化交际下的英汉翻译研究［M］．长春：东北师范大学出版社，2018.

［3］马予华，陈梅影，林桂红．英语翻译与文化交融［M］．长春：吉林人民出版社，2017.

［4］谭焕新．跨文化交际与英汉翻译策略研究［M］．北京：中国商业出版社，2019.

［5］胡庚申．翻译与跨文化交流：互动与共生［M］．上海：上海外语教育出版社，2015.

［6］吴丹，洪翱宙，王静．英语翻译与教学实践［M］．长春：吉林人民出版社，2017.

［7］崔姗，韩雪．英语文化与翻译研究［M］．北京：新华出版社，2015.

［8］李冰冰．英语教学与翻译理论研究［M］．北京：北京理工大学出版社，2017.

［9］骆洪，徐志英．外国语言文化与翻译研究［M］．昆明：云南大学出版社，2018.

［10］于瑶．现代商务英语的跨文化交际与应用［M］．长春：吉林大学出版社，2018.

［11］汪火焰．跨文化交际与英语语言教学：实践与展望［M］．武汉：武汉大学出版社，2016.